KB210452

Copyright © Alan and Eleanor Kreider)

Originally published in English under the title:
Is a Peace Church Possible?
    by Alan and Eleanor Kreider
Published by David Herald Press, Waterloo, Ont. N2L 6H7. CANADA .
All rights reserved.

Used and translated by the permissions of Herald Press.
Korean Edition Copyright ©2021, Daejanggan Publisher. Nonsan, South Korea

평화교회

지은이	알렌 & 엘리노어 크라이더 (Alan and Eleanor Kreider)
옮긴이	고영목 김경중
초판	2021년 10월 28일
펴낸이	배용하
책임편집	배용하
등록	제364-2008-000013호
펴낸곳	도서출판 대장간
	www.daejanggan.org
등록한곳	충남 논산시 매죽헌로 1176번길 8-54
대표전화	전화: 041-742-1424 전송 : 0303-0959-1424
분류	교회	평화	메노나이트
ISBN	978-89-7071-572-8 (03230)

이 책의 저작권은 Herald Press와 독점 계약한 대장간에 있습니다.
기록된 형태의 허락 없이는 무단 전재와 복제를 금합니다.

 값 9,000원

Is a Peace Church Possible?

평화교회

알렌 크라이더 / 엘리노어 크라이더

고영목 김경중 옮김

차례

한국의 독자들에게   13
역서에 부치는 글   19

제1장_성경적 명령

사도행전: 교회의 기원과 평화교회   25
평화에 대한 신약성경의 관점   32
평화 사역의 발견과 기쁨   41
평화를 거부하는 이유?   42
어거스틴은 평화가 비현실적이라고 말했다   45
복음을 평화의 복음으로 재발견함   48

제2장_교회의 삶

평화를 만드는 자의 반사행동 개발   51
평화를 만드는 문화로서의 교회   55
평화를 만드는 제자 훈련   57
갈등이 생기는 것은 당연하다!   61
우리 사회는 갈등으로 고민하고 있다   63
교회는 갈등해결 방법을 잘 배울 수 있다.   63
평화를 만드는 사람에게 필요한 네 가지 태도   65
평화를 만드는 사람에게 필요한 네 가지 기술   67
평화교회로의 여정   70

제3장_교회의 대외정책1: 예배

다차원적 갈등이 존재하는 세상에서의 삶   74

평화를 만드는 예배   75

평화를 위한 기도   89

제4장_교회의 대외정책2: 일, 전쟁, 증거

일터에서 평화를 만드는 사람   100

전쟁과 폭력   104

증거하는 교회   112

미주   122

한국의 독자들에게

　　하나님 우리 아버지와 주 예수 그리스도의 은혜와 평화가 여러분과 함께 있기를 기원합니다. 아직 여러분들을 직접 만나지는 않았지만 머지않아 한국을 방문할 때 만나볼 수 있기를 기대합니다. 한국에 관한 소식은 신문이나 다른 방송매체를 통해서 자주 들어왔습니다. 과거 한국 국민이 겪은 쓰라린 아픔과 남북한이 대치하고 있는 현재의 상황에 대해서는 너무도 안타까운 마음을 갖고 있습니다. 그러나 한국 교회의 빠른 성장은 고무적이었습니다. 저희 부부는 한국과 한국 사람들을 위해서 몇 년 전부터 기도하고 있습니다. 그리스도 안에서 기쁨과 아픔을 함께 나누고 서로 의지하는 같은 지체로서 여러분과 함께 이렇게 나눌 수 있음을 기쁘게 생각합니다. 바울 사도가 서신서를 시작할 때마다 습관적으로 '은혜'와 '평화'라는 두 단어를 함께 사용한 것처럼, 우리 부부도 여러분들에게 그리스도 안에서 한 형제자매된 자로서 이곳 미국의 인디애나 주에서 인사를 드립니다.

사도 바울은 은혜와 평화를 거듭 반복해서 사용했는데, 왜 그랬을까요? 그리스도인들은 평화보다는 은혜라는 말을 훨씬 더 광범위하게 사용하고 있습니다. 왜 그럴까요? 평화보다는 은혜의 개념이 더 크기 때문일까요? 아니면 은혜가 우리의 삶에 더욱 관련되기 때문인가요? 아니면 신학적으로 은혜가 평화보다 더 심오하기 때문일까요? 아니면 교회가 평화 문제를 불균형하게 발전시켜면서 우리를 불완전한 삶으로 접근하도록 만들기 때문일까요?

건강한 사람이라면 두 다리가 있어야 균형을 잡고 서서 움직일 수 있습니다. 만일 한 쪽 다리만 의지해서 걷는다면 곧 지쳐서 쓰러질 것입니다. 교회가 평화를 무시하고 은혜만을 강조하는 것은 바로 한쪽 다리에만 의지하는 것과 같습니다. 그와는 반대로 은혜보다 평화를 강조해도 불완전하기는 마찬가지입니다. 그러나 교회가 은혜뿐 아니라 평화라는 다른 한쪽 다리를 함께 강조하고 있다면, 우리가 누릴 수 있는 자유가 얼마나 증폭되고 하나님 나라를 위한 복음 전파가 얼마나 더 효과적으로 발전할까요? 하나님께서는 우리에게 아주 오래 전부터 이렇게 한쪽 다리^{은혜}와 다른 한쪽 다리^{평화}가 조화를 이루는 '평화교회'의 비전을 제시하셨으며, 그것을 가르치라는 소명을 주셨습니다.

우리는 지난 30여 년 동안 영국에서 선교 사역을 하면서 평화 교회의 비전을 가르쳐왔습니다. 그리고 16세기 종교개혁 당시 아나뱁티스트^{재세례신앙} 운동의 기원으로 시작된 평화교회로서의 메노나이트교회를 대표하는 사역을 하였습니다. 침례교, 영국 성공회, 감리교, 카리스마적 자유교회 등 많은 교회들이 평화교회의 전통에 관해 그리 이해가 깊지 않은 상황에서 평화교회의 비전에 대해서 가르쳤습니다. 우리는 갈등과 긴장으로 팽배한 북아일랜드의 아주 특별한 상황에서도 평화교회에 대해서 말했습니다.

그러나 사람들의 반응은 때때로 냉담했습니다. 어떤 사람은 평화를 운운하는 것이 교회에 문제를 가져올 것이라고도 말했습니다. 그러나 우리의 경험으로는 교회의 평화 사역이 엄청난 유익을 가져올 뿐 아니라 우리가 삶 속에서 기쁨을 누리며, 하나님께서 부어주신 충만한 은혜를 체험하는 훈련의 한 과정이라는 것을 직관적으로 알 수 있었습니다. 평화 사역을 하다 보면 때때로 문제가 발생하기도 합니다. 그러나 그것은 지극히 당연한 일입니다. 그것은 사용하지 않았던 신체의 일부를 처음 사용할 때면 누구나 겪게 되는 아픔과도 같습니다. 우리는 사람들이 평화를 만드는 습관과 비전을 아주 진지하게 배우고 또 삶에 적용하려는 것을 보았습니다. 그것은 어쩌면 우리에게 고통을 안겨주고, 사람들은 우리를 거부하기도 할 것입니다. 예수 그리스도를 따르는 삶은 항상 대가가 따릅니다. 그러나 우리는 언제나 큰 기쁨 가운데로 인도받고 있다는 것을 잊지 않습니다. 사람들은 오히려 이렇게 말할 때가 있습니다. "하나님께서 우리로 하여금 평화를 만드는 사역을 감당케 하셨음을 깊이 감사드립니다. 평화를 만드는 사역은 가능합니다! 그것은 우리 삶의 방식과 세계관을 바꾸었습니다…." 이러한 분들은 신구약 성경 모두가 함께 증거하는 '복음이 평화의 복음'이라는 사실을 믿고 하나님께 감사드리는 사람들입니다. 만약 복음이 평화의 복음이라는 것을 믿지 않았다면 나와 내 아내는 이것을 가르치지도 않았을 것입니다.

평화를 재발견하는 것은 한국 그리스도인들에게 어떤 좋은 소식Good News으로 작용할까요? 우리는 언제라도 전쟁이 발발할 것 같은 세상에 살고 있습니다. 여러분이 사는 한반도의 긴장과 갈등 상황은 우리 모두를 더욱 긴박한 위험에 빠뜨리게 합니다. 우리는 여러분이 당한 고통과 핍박의 세월에 대해서도 알고 있습니다. 우리는 한국교회의 급속한 성장과 하나님께서 부어주신 축복에 대해서도 알고 있습니다. 그렇지만 제게는 평화교회와 관련하여 한 가지 궁금한 점이 남아 있습니다. 하나님의 풍성한 은혜를 경험한 한국 사람들이 복음을 평화의 복음gospel of peace으로 재발견한다는 것은 무슨 의미일까요? 하나님께서는 그리스도인이 온전케 되기 위해 필요한 '평화'를 선물로 주셨습니다. 모든 범위에서 평화를 믿는 여러분들을 위해 우리는 계속 기도할 것입니다. 히브리서를 맺는 축복의 말씀을 기억합니다.

"영원한 언약의 피를 흘려서 양들의 위대한 목자가 되신 우리 주 예수를 죽은 사람들 가운데서 이끌어내신 평화의 하나님이 여러분을 온갖 좋은 일에 어울리게 다듬질해 주셔서 자기의 뜻을 행하게 해 주시기를 빕니다. 또 하나님 께서 예수 그리스도로 말미암아 우리 가운데 자기가 기뻐 하시는 바를 이루시기를 빕니다. 예수 그리스도께 영광이 영원무궁히 있기를 빕니다. 아멘."히 13:20, 21
은혜와 평화!

2003년 3월 인디애나에서

알렌, 엘리노어 크라이더

역서에 부치는 글

이번에 알렌 크레이더Alan Kreider 와 엘리노어 크라이더Eleanor Kreider 박사 부부의 『평화교회 *Is a Peace Church Possible?*』라는 책을 번역·출판하게 된 것을 진심으로 축하합니다. 이 책의 저자인 크레이더 박사는 저명한 교회사가이자 선교사로서 기독교의 평화주의 전통에 대해 깊이 연구하신 대표적인 학자입니다. 이번에 크라이더 박사 부부의 한국 방문을 계기로 교회의 평화에 관한 소명의 문제를 취급한 이 책이 번역된 것은 특별한 의미가 있다고 생각합니다. 한국교회는 전쟁의 폐해와 참화를 수없이 경험했는데도 불구하고 평화의 문제에 관심을 갖지 못했습니다. '화평케 하는 일' 은 우리 그리스도인에게 주신 거룩한 소명인데도 우리 한국 교회는 이와 같은 문제에 대해 무관심해 왔습니다. 바로 이런 오늘의 현실을 감안해 본다면 이 책의 출판은 특별한 의미가 있다고 하겠습니다.

평화는 우리가 지향하는 최고의 가치라고 생각합니다. 이것은 예수님께서 가르치시고 본을 보이신 그리스도인의 삶의 윤리였습니다. 평화는 단지 전쟁이 없는 상태만을 의미하는 것은 아닙니다. 평화를 의미하는 히브리어 '샬롬shalom'은 하나님의 의와 진리가 실현되는 질서, 복지, 안녕 등 더욱 온전하고 완전한 상태를 의미합니다. 그래서 개인과 공동체에서 갈등이나 대립이나 분열이나 긴장이 없는 상태를 뜻합니다.

신약에서 평화를 의미하는 '에이레네eirene' 또한 전쟁이 없고, 적대관계나 갈등이 해소됨으로써 이루어지는 질서와 조화의 상태를 의미하는 것이었습니다. 예수님은 네 원수까지도 사랑하라 하셨고, 그것을 실천하셨습니다. 심지어는 우리 마음에 숨겨진 심리적 미움이나 살인의 죄를 지적하시면서 '화평케'하는 자로 부르셨습니다. 그래서 비폭력non-violence, 화해reconciliation, 보복하지 않음non-retaliation, 전쟁반대no-war는 주님께서 가르치신 거룩한 윤리이며, 오늘날 절대평화주의 사상의 연원이 됩니다.

초기 기독교, 적어도 3세기까지의 기독교 공동체는 주님의 이 말씀에 순복하여 평화 사상과 평화 이념을 견지하며 이를 가르치고 실천해 왔습니다. 그러나 4세기 콘스탄티누스 대제 이후 기독교는 국가 권력과 타협하면서 이 거룩한 전통을 상실해 갔던 것입니다. 이것은 교회사에서의 커다란 변화였습니다. '나그네 공동체'가 '안주 공동체'로 변화되면서 이 땅의 가치, 지상의 윤리와 타협하면서 평화주의 이상은 소위 정당한 전쟁론으로 대치되어 갔던 것입니다.

그러나 16세기를 거쳐 가면서 초기 기독교회가 실천했던 이 평화의 이상을 회복하려는 일련의 운동이 일어났고, 이 운동이 재세례신자들, 특히 메노나이트Mennonite 교회를 통해 계승되고 발전된 것은 아주 특별한 의미가 있다고 봅니다.

이 책의 저자인 알렌 & 알리노어 크라이더 박사 부부는 초대교회를 연구한 메노나이트교회의 역사학자이자 교육가로서 기독교의 평화주의 전통을 학문적으로 연구하고 가르칠 뿐만 아니라, 교회의 평화를 위한 소명을 일깨워 주는 귀한 학자입니다. 이 책은 예수 그리스도의 교회는 이 평화의 메시지를 전파하고, 가르치고, 선포해야 할 의무와 책임이 있다는 점을 지적하면서 어떻게 평화를 세워가는 교회가 될 수 있는가를 설명하고 있습니다.

이 책이 한국 교회에 커다란 유익을 줄 것으로 확신하며, 동시에 평화를 지향하는 교회의 이상을 확인하는 기회가 되기를 바라는 바입니다.

이상규 _ 고신대학교 명예교수

제1장_성경적 명령

여러분은 교회에 관한 질문을 받을 때 어떻게 대답하는가? "우리 교회는 종로에 있습니다. 주일 예배는 정말 의미 있어요. 제가 침체되어 있을 때면 사람들이 많이 도와준답니다. 또한 교인들도 저처럼 상처받을 수 있는 연약한 사람들이고, 어려움을 함께 나눌 수 있어서 동질감을 느낍니다". 혹은 별로 좋지 않은 경험을 토대로 한 답변일는지 모른다. "우리 교회는 뭐든지 좀 긴장 상태인 것 같아요. 다른 부서 사람들과는 서로 이야기하지 않고요. 실제로 예배는 삶과 별로 관계가 없어 보입니다."

우리의 교회 경험이 긍정적이든 부정적이든, 우리가 우리 교회를 '평화'라는 말로써 묘사하기란 그리 쉽지 않다. 교회에 가서는 평화로움을 느낄지 모르지만, 우리들 대부분은 교회를 '평화교회'로 생각지 않을 것이다. 그러나 진정한 평화를 이루기 위해 노력하는 교회야말로 초기교회pre-Christendom 그리스도인들이 바라보았던 참 교회의 모습이었다. 2세기에 로마에서 순교한 교부 저스틴Justin은, 초대교회 그리스도인들이 믿었던 하나님께서 예견하신 말씀 "그들이 칼을 쳐서 보습을 만들고 창을 쳐서 낫을 만들 것이며"이사야 2:2-4는 이미 교회 안에서 성취되고 있다고 말하였다.

그리스도인이 예수께 나아오는 이유는 어떻게 살아야 하는지를 배우기 위해서이다! 저스틴은 "우리가 전에는 전쟁과 살인 등 다른 모든 죄악을 기뻐했지만, 그러나 이제는 삶의 모든 영역에서 칼을 쳐서 보습을 만들고 창을 쳐서 낫을 만들라는 말씀처럼 전쟁병기를 작은 것 하나까지라도 평화의 도구로 바꾸어야 하고, 또한 하나님께서 십자가에 못 박히신 구원자 예수를 통해 주신 경건, 정의, 형제애, 믿음과 소망을 품고 살아야 한다"고 증언했다.[1]

저스틴은 하나님께서 당신의 독생자 예수 그리스도를 십자가에 못 박히게 하심으로써 인류를 위한 새로운 일을 하셨다는 것을 알았다. 하나님께서는 많은 나라의 사람들로 하여금 예수 그리스도를 통해 제시하신 새로운 삶의 비전을 따라오도록 만드셨다. 그 결과 이전에 원수였던 사람들이 이제는 평화의 사람들로 돌아서게 된 것이다. 전에는 서로 증오했던 다른 족속의 사람들이 지금은 서로의 삶을 함께 나누고, 서로 싸우는데 사용했던 무기를 제거하며, 정의를 바로 세우고, 가족 사랑을 실천하기 시작한 것이다. 이러한 교회의 변화된 삶은 국경을 초월하여 우리가 지금 경험하고 있는 평화를 메시야 예수께서 가져왔다는 증거이다.

저스틴은 계속해서 이사야서 2장의 말씀 "사람들이 평화의 사람이 되기 위해 적대감의 도구를 바꾸어 새로운 삶을 살게 된 것"이 교회 안에서 성취되어 왔다고 반복해서 강조한다. 이레니우스Irenaeus, 터툴리안Tertullian, 오리겐Origen, 그리고 다른 초대교회 학자들과 마찬가지로 저스틴에게는 하나님의 평화가 그리스도를 통해 들어왔고 교회는 이 사실을 나타내는 증거 그 자체였다!2

사도행전: 교회의 기원과 평화교회

저스틴은 이런 생각을 어디에서 얻었을까? 사도행전에 나오는 초대교회로부터였다. 교회의 기초는 하나님께서 만드신 평화 사역의 결과이다. 오순절에 함께 모인 서로 다른 문화와 언어의 사람들헬라파 유대인들과 히브리파 사람들, 행 6:1-6은 예수 안에서의 하나 될뿐 아니라 갈등까지도 서로 경험했다. 하나님께서 아브라함을 통해서 모든 족속들에게 복을 주시겠다고 한 약속창 12:3은 전에는 원수였던 이방인들과 유대인들이 서로 '평화의 매는 줄로'엡 4:3 화해할 때만 가능함을 의미하는 것이었기에 이 약속의 말씀은 큰 도전이 되었다. 이렇게 시작된 위대하고 극적인 갈등해결은 초대교회에서 평화가 얼마나 중요했는지를 보여준다.

사도행전 10장에는 중요한 사건들이 기록되어 있다. 이 사건들은 우리에게 잘 알려져 있어서 더 이상 놀라운 사실이 아닐지 모른다. 그러나 그때 당시 베드로에게는 얼마나 놀라운 일이었을까? 베드로는 갈릴리 출신인데도 불구하고 가이사랴 지방에 들어간 사람이었다.행 10:24 그는 로마제국의 권력에 의해 십자가형을 받고 희생된 예수의 친구였다. 그런 그가 당시 군대와 폭력 그리고 우상의 도시였던 팔레스타인 지방의 로마 권력의 심장부로 들어간 것이었다. 유대인들 중에도 자신들을 억압하고 착취하며 예배를 방해했던 이방인 원수들도 있었다. 베드로와 그의 친구들은 자신들이 고넬료와 같은 로마군 장교의 집에 들어서게 될 것을 결코 예상치 못했을 것이다.

그러나 베드로는 가이사랴의 백부장 고넬료를 방문한 사건으로부터 깨달은 것이 있었다. 베드로가 고넬료에게 귀를 기울인 후 하나님께서 보여주신 속되고 깨끗하지 아니한 물건을 먹으라는환상에 대해 다시금 생각했을 때 베드로는 무릎을 탁 치는 놀라운 "아하"의 경험을 하고 다음과 같이 묘사했다.

> 베드로가 입을 열어 말하였다. "나는 참으로, 하나님께서는 사람을 외모로 가리지 아니하시는 분이시고, 하나님을 두려워하며, 의를 행하는 사람은 그가 어느 민족에 속하여 있든지, 다 받아 주신다는 것을 깨달았습니다." 행10:34-35

이 말을 바로 유대인인 베드로가 한 것이다! 더 이상 넘을 수 없는 벽으로 나눠진 유대인insiders과 이방인outsiders, 정한clean음식과 부정한unclean음식이 더 이상 존재하지 않게 된 것이다. 하나님께서는 자기 백성이 단지 유대인뿐 아니라, 하나님을 경외하고 의를 행하는 모든 민족이라는 큰 밑그림을 갖고 계신 것이었다.

베드로가 이 사건을 순간적으로 얼마나 진지하게 생각하고 있었는지, 얼마나 충심으로 기도했었는지, 그리고 얼마나 이해하려고 노력했는지를 상상해 보라! 베드로는 예수를 생각하면서 본능적으로 고넬료에게 말했다. 행 10:36 하나님께서는 예수를 통해 "평화의 복된 소식the good news of peace"을 이스라엘 백성에게 전해주셨던 것이다. 베드로는 지금 로마군 장교에게 평화에 대해 말하고 있다는 것을 기억하라!

모든 만물의 주인은 시저Caesar가 아니라 예수 그리스도시라는 것을…. 베드로는 고넬료에게 예수의 삶과 죽음, 부활을 이야기했다. 그것은 바로 하나님께서 유대인과 이방인을 포함한, 하나님을 경외하고 의를 행하는 모든 사람들을 용서하시고 포용하셨다는 것이다.행 10:35

예수께서는 평화의 복음을 선포했을 때 무슨 생각을 하셨을까? 베드로는 이를 곰곰이 생각했을 것이다. "모든 민족 사람들을 향한 하나님의 이 엄청난 계획을 말씀하신 예수님이 얼마나 황당해 보였을까?" 예수는 죄인, 이방인, 어린이, 여자, 원수인 로마 병사와도 친하게 지내셨다. 예수께서는 함께 어울릴 것 같지 않은 사람들을 데려 오셨다. 그렇게 함으로써 예수님은 사람들의 관심을 바꾸었고, 그 자체가 사람들에게도 위협이 되었다.

너희는 내가 세상에 평화를 주러 온 줄로 생각하느냐? 내가 너희에게 말한다. 그렇지 않다. 도리어, 분열을 일으키러 왔다. 눅 12:51

예수께서는 사람들의 선입관을 뒤흔드셨고, 주권자의 최고 진리를 행하셨기 때문에 그를 미워하는 원수들이 생겨났다. 결국 그런 사람들의 집단적 행동은 예수님을 십자가에 못 박기에 이르렀다.

그러나 이러한 일련의 과정을 통해 예수님께서는 팔레스타인 지방에서의 정치적 위기를 다른 어느 누구도 상상하지 못했던 전혀 새롭고 급진적인 방법으로 해결하셨는데, 그것은 하나님의 백성인 유대인들과 로마군인들이 서로 용서와 화해를 통해 하나 되게 하신 사건이었다. 마태와 누가 모두 원수에 대한 예수님의 중요한 가르침을 기록했다. 마태복음 5장 43절 이하의 말씀은 사회적 통념을 뛰어넘는 정반대 말씀인 산상수훈의 절정에 이르는 메시지이다. 누가복음 6장 27절에는 예수님의 첫 번째 윤리적 가르침이 나타난다. 두 메시지에는 모두 원수를 사랑하고 원수를 위해서 기도하라는 의미가 들어 있다.

예수님은 어떤 백부장을 만났고 그의 믿음에 놀랐으며, 동서로부터 많은 사람들이 아브라함의 직계 자손과 함께 하나님 나라의 식탁에 참여할 것을 내다보셨다.마 8:11 그러나 이런 식의 예견은 논쟁을 일으키기에 충분한 것이었고, 어떤 사람들에게는 이해할 수 없는 일이었으며 또한 충격적인 일이 아닐 수 없었다. 예수께서 예루살렘을 바라보셨을 때에는 사람들이 "평화를 만들기 위해 필요한 것이 무엇인지를 알지 못해서 울기까지 하셨다"눅 19:41 사람들은 평화의 복음이 알려지는 것을 거부했기 때문에 원수가 생겨났고, 예루살렘 주위를 포위하고 부수며 자기 자식들까지도 메어치기까지 하였다. 이 일은 몇 년 후 로마인들이 예루살렘과 성전을 파괴하고 엄청난 인명 손실을 가져온 유대전쟁으로까지 이어지게 되었다.

그러나 베드로는 가이사랴의 로마군 원수에게 예수 그리스도께서 로마의 십자가에서 돌아가시기까지 원수의 죄를 용서하셨고 평화를 이루셨다는 것을, 더욱이 하나님께서는 예수의 부활을 통해 만유의 주가 되셨음을 선포하셨음을 증거하고 있다.^{행 10:36} 하나님께서는 예수께서 이렇게 어리석은 방법으로 평화를 만드셨다고 생각하는 사람들로부터 당신 아들의 명예를 완전히 회복시키셨다.

베드로가 그리스도의 평화사역과 죄사함에 대한 간증을 했을 때에 성령께서는 할례받은 사람들에게 알려진 똑같은 은사를 이방인에게도 부어주셨고, '아멘'으로 크게 화답하게 하셨다.^{행 10:44} 하나님께서 그리스도를 통해 역사하신 것과 성령의 실제 활동으로 인해, 서로 멀어졌던 유대인뿐 아니라 이방인들 사이에서도 평화를 이루는 것이 가능하게 되었다.

베드로는 예수님께서 원하신 일을 하고 있었다. 당시 유대인과 로마인은 전쟁으로 치닫고 있었지만, 베드로는 한 로마인과 평화를 만들고 있는 중이었다. 예수 안에서 같은 형제로서, 국가를 초월한 새로운 평화의 사람들로서 함께 서 있는 것이다. 하나님의 가족은 다민족 다문화로 구성된 사람들로서, 하나님을 경외하고 의를 행하며 하나님의 화해 사역을 향해 마음이 열려 있는 모든 사람인 것이다. 이러한 가족은 공통의 사명을 위해 모든 나라들과 함께 평화의 복음을 나누고, 전에는 교회 안에서 화해하지 않았던 원수들이 서로 화해하고 용서받지 못한 원수들이 용서받는 그런 하나님의 사람들인 것이다.

이것은 특별한 사건이었다. 우리는 고넬료가 로마 군대에서 계속 복무를 했는지 안 했는지에 대해서는 잘 모른다. 또한 고넬료의 친구들과 친척들이 그 후 무슨 일을 했는지에 대해서도 알 수 없다. 그러나 우리는 베드로가 이 일로 인해 예루살렘 교회의 지도자들과 충돌하게 될 것이고, 그에게 닥칠 일에 대해서는 알고 있다.[행 11] 베드로는 로마로 가서 다민족 교회를 세우는 일을 돕다가 십자가형을 받은 것이 확실하다.[3] 분명한 것은 신약성경의 기록자들이 평화의 방법을 가르치기 위해 가이사랴에서 베드로가 증언한 내용을 신학적이고 실천적으로 조화롭게 잘 발전시켰다는 점이다.

평화에 대한 신약성경의 관점

평화는 하나님의 뜻과 사역의 중심이다

신약성경의 기록자들은 계속해서 하나님을 '평화의 하나님'으로 부른다. 그리고 일상적으로 복음을 '평화의 복음'이라고 말한다. 신약성경에서는 히브리어 성경과 마찬가지로 '평화'라는 단어가 곳곳에 나타나 있다.

> 그러므로 우리는 믿음으로 의롭다 하심을 받았으므로, 우리 주 예수 그리스도로 말미암아 하나님과 더불어 평화를 누리고 있습니다.롬 5:1

> 하나님께서는 여러분을 부르셔서 평화롭게 살게 하셨습니다. 고전 7:15

> 그리하면 사람의 헤아림을 뛰어 넘는 하나님의 평화the peace of God가 여러분의 마음과 생각을 그리스도 예수 안에서 지켜 줄 것입니다.빌 4:7

신약성경의 기록자들은 "모든 사람으로 더불어 평화를 좇으라."히 12:14, 벧전 3:11고 두 번씩이나 강조하고 있다. 베드로와 마찬가지로 바울도 서신 끝에는 "너희에게 은혜와 평화가 있을지어다." 라는 설득력 있는 한 쌍의 단어를 쓰고 있다.

은혜grace와 평화peace, 바울은 이렇게 상호 의존적으로 연결된 신약성경의 본질적 주제를 에베소서 2장에서 발전시켰다. 하나님의 은혜로 유대인과 이방인, 할례자와 무할례자들우리와 너희이 구원받았다. 그 결과가 평화이다. 이방인들은 경계 밖의 외인들로서 낯선 사람들이었다. 그런 이방인들이 그리스도 예수 안에서 그의 피로 가까워진 것이다. 그분은 정말로 우리의 평화이시다.엡2:14 예수께서는 오셔서 먼 데 있는 자들과 가까이 있는 자들에게 평화를 전하셨다.엡2:17 예수는 십자가에서 죽으심으로써 사람들에게 생명을 주셨고, 원수된 것을 소멸하셨다.엡2:16 그 결과 이방인과 유대인을 원수로 만들었던 벽이 허물어졌고, 그 허물어진 벽을 통해 새로운 인간성으로 이전의 원수들과 화해한 하나님의 권속이 되었다. 엡2:19 이렇게 하나로 이루어지는 과정을 바울은 '평화만들기making peace'라고 하였다.

이 단락은 신약성경의 이해를 분명히 하고자 한 부분이다. 베드로와 고넬료는 하나님의 뜻과 사역의 중심인 평화를 가이사랴에서 서로 만난 사건을 계기로 완전히 이해할 수 있었다. 그러나 그리스도께서 평화를 만든 방식이 그리스도인 각각의 공동체를 통해 항상 분명하게 나타나지는 않았다. 예루살렘공회[행 15]와 서신서에도 어떻게 평화를 실천해야 하는지를 놓고 갈등이 있었다. 그러나 초대교회는 자신들이 평화의 가족임을 알았다. 평화는 자신들 교회의 정체성의 중심이었다. 초대교회는 월요일 밤에 참석하는 사회적 모임이 아니며, 교회 모임의 비주류에 속하는 평화의 사귐도 아니었다. 당시의 그리스도인들이 알게 된 평화는 그들의 가장 기초적인 체험에 뿌리를 두고 있었기 때문에, 교회는 모든 사람들에게 중요한 평화교회 그 자체였다. 평화는 그들에게 복음의 심장이었다!

평화는 하나님의 사역에 대한 우리의 응답이다

하나님께서는 우리를 용서하고 화해하셨으며 우리에게 평화를 주셨다. 하나님을 경험하는 우리들 각자의 관점은 자연스러운 결과를 만나게 된다. 하나님께서 그리스도 안에서 우리를 용서하심과 같이 우리도 서로 용서하는 사람이 되어야 한다.[엡 4:32] 우리는 하나님과 화해했기 때문에 원수들과 화해하며, 또 화해의 직책을 부여받았다.[고후 5:18] 우리는 하나님의 평화를 받았기 때문에 평화를 만드는 자가 되어야 하고, 하나님의 성품을 나타내야 한다.

평화를 이루는 사람은 복이 있다. 하나님이 그들을 자기의 자
녀라고 부르실 것이다.^{마 5:9}

미로슬라브 볼프_{Miroslav Volf}는 최근 그의 저서 『배제과 포용
Exclusion and Embrace』에서 평화가 신약성경에서 얼마나 핵심적인 주
제인지를 다음과 같이 적절하게 표현했다.

우리가 하나님의 은혜를 거부하지만 않는다면 우리는 언제나
그 은혜를 받는 사람이 될 수 있다는 것이 하나님의 은혜의 심
장 위에 새겨진 규칙이다.[4]

우리는 은혜를 받은 자들이다. 은혜로우신 하나님께서는 우
리를 은혜의 대리인으로 부르신다. 마찬가지로 우리가 하나님의
평화를 알기 원한다면 우리는 평화를 대표하고, 평화를 만드는 사
람이 되어야 한다.

평화의 의미는 넓다

우리는 종종 평화를 성경이 전하는 뜻과는 다른 의미로 해석하고 사용한다. "제게는 고요와 평화가 필요합니다". "지난 40여 년 간의 평화는 우리의 핵무기 덕분이 아니던가?…" 그러나 성경적인 평화는 단순히 소음이나 전쟁이 전혀 없는 상태만을 뜻하지 않는다. 베드로가 사용했던 헬라어 '에이레네eirene'는 히브리어로 '샬롬shalom'이다. 샬롬은 모든 것을 포함하는 온전함wholeness을 말한다. 그것은 하나님과 사람, 그리고 자연질서와의 바른 관계를 포함하는 관계적인 용어이다. 관계가 깨진 곳, 하나님과 서로 조화를 이루지 못하는 곳, 불의와 증오, 두려움이 가득찬 곳에는 샬롬이 없다. 예수께서 오셔서 평화를 선포하셨을 때 그것은 어떤 크고 아름다운 것에 대한 말씀이셨다. 그것은 개인적이기도 했지만 또한 관계적인 것이었다. 그것은 원수들을 새로운 사회 현실로 데려오는 하나님의 치유오 화해사역, 그리고 회복적 관계에 관한 것이었다. 사도행전과 에베소서에 나타난 예수의 가르침과 그의 사역에서 평화는 원수를 친구로 만드는 실제적 활동이었다.

평화의 사역은 고통이 따른다

예수님은 평화의 복음을 선포하셨고, 화평케 하는 자들을 축복하셨으며, 평화를 실천하셨다. 그러나 평화에는 갈등이 수반됨을 아셨다. 예수님은 이 점에 대해 분명하셨다. "평화가 아닌 검을 주러 왔노라"마 10:34 갈등이 없으면 정의는 고착되고, 도전 받지 못하며, 그런 곳에는 희망도 없다. 그래서 예수께서는 평화를 만들기 위한 갈등에 부딪히셨다. 예수님은 예루살렘을 향해야 했고, 민족 종교시설의 심장부인 성전에서 강경한 행동을 취하셨으며, 종교 지도자들의 생각을 꾸짖으셨다. 그리고 그분은 그 값을 치렀다. 즉, 십자가는 그리스도께서 만드신 평화 사역의 핵심이다. 그것은 평화 사역의 산물일 뿐 아니라, 신약성경의 기록자들이 반복해서 강조한 것과 같이 평화를 만드는 수단이었다.골 1:20, 사 53:5 평화교회는 그리스도의 십자가적 삶과 십자가 위에서의 구속 사역을 떠올리게 한다. 그리고 평화교회는 자기 십자가를 지며 갈등을 초래할 수도 있는 모험과 위험, 그리고 고난의 삶으로 스스로를 인도한다.

평화의 사역은 고통스럽지만, 결과는 놀랍게 나타난다

고대 세계에서 베드로가 백부장의 집에 있었던 것보다 더 놀라운 일은 거의 없었을 것이다. 대부분의 목격자들에게는 로마군과 유대인이 예수 그리스도를 구세주로 믿는 한 가족, 즉 새로운 인류new humanity가 되었다는 것은 매우 놀라운 일이었을 것이다. 그것은 어려운 문제를 획기적인 방법으로 해결하는 차원이라기보다는 서로 동화할 수 없는 다른 공동체들이 이상하게 뒤범벅 되어 버린 것 같은 느낌이었을 것이다. 전에는 원수였던 사람들이 그리스도를 통해 한 형제가 되었음을 믿은, 세상에 따르지 않고 예수를 메시아, 즉 구세주로 믿었던 사람들은 스스로도 얼마나 당황하고 기이하게 생각했을까? 이렇게 평화를 말할 수 있는 이유는, 그리스도께서 잔인함과 저주가 섞인, 비현실적이고 어리석은 기괴한 십자가 사건을 감수해야 했기 때문이었다. 그렇지만 많은 유대인들은 이 놀라운 사실을 받아들이기보다는 더 이해하기 쉬운 이유에서 로마에 대한 혁명전쟁 A.D 66년을 준비하였다.

평화는 하나님의 능력을 통해 이루어진다.

하나님의 평화를 이루는 사역은 부활을 통해 더욱 확실히 드러났다. "사람들은 예수를 죽였으나 하나님께서는 그를 살리셨다." 예수의 부활은 평화의 길을 확증하는 하나님의 결의를 보여준 사건이었다. "우리 주 예수를 죽은 사람들 가운데서 이끌어내신 평화의 하나님이…" 히 13:20 죽음은 하나님의 평화 사역을 멈추게 할 수 없다. 그리고 하나님의 성령은 평화의 공동체를 창조하는 데 결정적인 역할을 하였다. 성령께서는 욥바와 가이사랴에서 새로운 가능성을 열어 주었고 평화사역의 산파 역할을 하셨다. 성령께서는 로마인과 압제자, 원수, 약한 자, 그리고 인간적으로 불가능한 일을 감당하는 사람들에게 임하셨다. 하나님의 사람들은 오로지 부활과 성령으로 말미암아 평화의 사역자가 될 수 있었다.

예수께서 평화의 본을 보여 주셨다

예수님은 평화의 사역사이시다. "그그리스도는 우리의 평화이십니다."엡 2:14 우리는 진정한 평화의 의미를 알기 위해 예수님을 바라보아야 한다. 교회가 할 일은 예수 그리스도의 길을 대대로 전하는 것이다. 바울은 이런 관점에서 "내가 그리스도를 본받는 자 된 것같이 너희는 나를 본받는 자 되라"고전 11:1고 사람들에게 권고했다. 예수의 삶을 따르는 사람들은 다른 사람들의 모범이 되어야 할 것이다. 바울이 빌립보 교인들에게 말한 것처럼, "여러분은 나에게서 배운 것과 받은 것과 듣고 본 것들을 실천하십시오. 그리하면 평화의 하나님께서 여러분과 함께 하실 것입니다."빌 4:9

평화는 교회를 위한 것이다

예수의 제자들은 믿음의 공동체 안에서 어떻게 사는지, 어떻게 평화를 전해야 할지를 배우고 실천했다. 이 비전의 속성은 공동체적 현실을 전제로 한다. 용서와 화해를 따로 분리해서 경험할 수는 없다. 그리고 교회는 하나님과 서로 화해한 사람들로 이루어진, 하나님께서 의도하신 창조의 표시標示이다. 하나님의 계획은 '그분으로 말미암아 만물을, 곧 땅에 있는 것들이나 하늘에 있는 것들이나 다, 자기와 기꺼이 화해시키는' 것이다.골 1:20 세상의 모든 사자들과 어린 양, 유대인과 아랍인, 영국인과 아르헨티나인, 매트 레드만Matt Redman의 노래를 좋아하는 사람들과 그렇지 않은 사람들이 서로 화해하는 것이다. 하나님께서는 '이런 사람들을 위해 십자가의 피로 평화를 이루셨다.' 교회의 배경은 베드로와 고넬료 같이 다양하다. 그러나 우리는 하나님의 나라를 미리 맛봄으로써 하나님뿐 아니라 다른 사람들과도 화해해야 한다. 우리는 지금 그리스도 안에서 모든 사람들이 언젠가는 화해를 이루고자 하시는 하나님의 목적대로 살기를 배우고 있다. 우리의 일상생활에서 우리가 증거하는 말과 행동은 '하나님은 평화의 하나님God is a God of peace이시다'라는 것이다.

성경의 평화는 특별한 비용이 들지 않는다

평화는 복음의 핵심이며, 모든 교회를 위한 것이다. 그래서 평화는 우리 교회를 일컫는 말이다. 사람들이 "당신 교회에 대해서 말씀해 주세요?" 라고 물을 때에, 우리는 이렇게 대답할 수 있다.

　"우리 교회는 평화교회입니다. 하나님께서는 평화의 하나님 이시고, 우리는 평화가 무엇을 뜻하는지를 배우고 있습니다. 재미 있습니다. 우리와 함께 체험해 보고 싶지 않으신지요?"

평화 사역의 발견과 기쁨

　우리 모두는 하나님의 평화 사역이 교회 안에서 이루어지고 있음을 알고 있다. 최근 교회 안에서 "하나님의 평화 사역을 어디 서 발견할 수 있겠습니까?"라고 묻는다면, 이는 평화 사역을 위한 도움이 되는 질문이다. 우리는 다른 민족의 사람들을 위해 사역하 고 인내하는 그리스도인들의 이야기를 듣게 될 것이다. 우리는 심 한 갈등을 통해 배우는 사람들의 이야기를 듣게 될 것이다. 우리 는 직장과 사회에서 어떻게 평화를 만들 수 있는지를 배우는 그리 스도인들의 이야기와 비기독교인으로서 평화를 실천함으로써 하 나님을 섬기는 사람들에 대한 이야기를 들을 것이다. 하나님께서 는 평화의 하나님이시므로 평화를 만드는 일이 다양한 부류의 사 람들에 의해서 어디서나 항상 이루어지고 있다는 것은 놀랄 일이 아니다. 우리는 이러한 사역에 대해서 알 필요가 있으며, 그것들에 대해서 이야기하고 배우며 하나님을 찬양해야 한다.

그러나 우리 중 극히 일부 교회만이 스스로를 평화교회라 부른다. 바울과 베드로가 은혜와 평화를 함께 사용했음에도 불구하고 그리스도인들은 '평화'보다는 '은혜'의 개념에 더 만족하는 것 같다. 그리스도인들은 하나님께서 교회 내외부적으로 역사 하시는 평화사역에 대해 이야기하는 것을 무척 어렵게 생각하는 것 같다. 안타깝게도 교회 안에서도 이따금씩 깨어진 관계나 힘 겨루기 또는 자기 주장을 굽히지 않고 관철시키려고 하는 특징을 볼 수 있다. 이러한 교회라면 평화에 대한 언급이 거의 없다는 것이 이해가 된다.

평화를 거부하는 이유?

그러나 아직도 많은 건강한 교회조차도 평화를 좀처럼 언급하지 않는다. 어떤 사람이 평화에 관한 이야기를 꺼내면 이상하게 여기고 논점을 벗어 낫다고 생각하거나, 또는 평화에 대한 이야기를 별로 달갑게 여기지 않는다. 왜 그럴까? 그에 대해 타당하다고 여겨지는 이유들을 살펴보자:

• 평화는 복음을 희석 시키거나 전도에 대한 관심을 딴 데로 돌리
  게 한다.

• 평화는 교회에 정치를 불러 올 것이며, 정치는 갈등을 유발할 것
  이다. 많은 그리스도인들이 갈등에 대한 좋지 않은 경험을 갖고
  있다. 그들은 갈등을 어떻게 다루어야 할지 모른다. 그리고 더
  이상의 갈등을 원하지 않는다.

• 평화는 긍정적인 의미가 결여된 좋지 않은 감정에서의 평화주
  의처럼 들린다. 인간 역사는 그리스도인들이 폭군에게 저항하
  는 것이 필요했음을 보여주었다. 결국 우리가 히틀러에게 용감
  히 맞서지 않았다면 어떻게 되었겠는가?

• 평화를 운운하는 것은 전쟁의 쓰라린 상처와 경험을 무시하는
  것이다. 어떤 집사는 말하기를 자신은 '포클랜드 말비나스 전쟁
  에서 사촌을 잃었고, 자신도 제2차 세계 대전에 참전했었노라'
  고 한다. 어떤 사람은 군대에서도 좋은 경험을 할 수 있다고 말
  할지 모르겠다. "저는 해군에서 회심을 했습니다. 제게 교육의
  기회를 마련해준 군복무 시절이 정말 감사할 따름입니다." 어쨌

든 평화를 말하는 것은 전쟁의 경험을 무시하는 것이다.

• 평화는 지루하다. 아무 일도 없다는 듯이 문제를 직면하기 보다
는 그것을 회피하려고 한다. 요컨대 영화 「증인Witness」에서 헛간
을 세우는 장면은 샬롬평화의 아름다운 예이다. 그러나 사람들은
해리슨 포드Harrison Ford가 주먹으로 폭력을 사용할 때만 재미있
게 여긴다.

• 평화는 비현실적이다. 그것은 말도 안 되는 이야기다. 오히려 폭
력은 있을 수 있다. 사건을 변화시키는 것은 평화가 아니고 폭력
이다! 폭력은 나쁘지만 필요하다. 평화를 말하는 것은 비현실적
이고 평화에 대해 이야기하는 것은 실질적이지 못하다. 그러니
우리 그리스도인들은 현실적이어야만 한다.

위의 주장에는 몇 가지 타당한 이유가 있다. 그리고 우리가
평화에 대해 관심을 갖는다면, 우리는 평화를 반대하는 사람들이
왜 그런 문제들을 제기하는지 그들의 이유를 주의 깊게 들어야 한
다. 우리가 평화를 거부하는 사람들의 주장에 동의하지 않을 수도
있으나 그들이 지적하는 몇 가지 사항에는 우리가 심각하게 받아

들여야 할 부분도 있다. 예를 들어, 평화는 복음을 희석시킬 거라면서 평화를 반대하는 사람들의 주장은, 복음이 '평화의 복음'이라는 신약성경의 많은 단락들과는 일관되지 않은 주장인데도 불구하고 우리가 예수보다는 평화 그 자체에, 그리고 하나님과의 화해보다는 독일, 북한, 중국, 일본 등 다른 나라와의 화해에만 관심 있는 그런 그리스도인들이라고 생각할 지 모른다. 이러한 부분은 우리가 깊이 생각해볼 필요가 있다.

어거스틴은 평화가 비현실적이라고 말했다

평화를 반대하는 가장 근본적인 원인은 평화를 비현실적으로 생각하기 때문이다. 많은 사람들의 경험처럼, 신문이나 TV 뉴스에서 알 수 있는 바와 같이 삶은 종종 경쟁적이고도 이기적인 사람들의 집단 상호간의 폭력으로 점철된다. 폭력과 폭력의 위협은 삶의 변화를 가져오고 정의를 보전하기도 한다. 월터 윙크Walter Wink가 "구속적인 폭력의 신화the myth of redemptive violence"라고 부른 이 관점은 현실적이고도 상식적인 듯하다.5

이러한 현실에 대해 5세기 초 히포의 어거스틴Augustine은 교회가 평화교회가 되어야 한다는 초기의 관념이 달라져야 한다고 신학적으로까지 인정했다. 어거스틴은 초대교회의 그리스도인들이 그토록 중요하게 생각했던 '그들이 칼을 쳐서 보습을 만들고…'라는 성경말씀에 대해서는 어떠한 논평도 하지 않았다. 초기 그리스도인들의 저술에서 이사야서와 미가서 구절의 이용 실태를 조사했던 학자인 게르하르트 로핑크Gerhard Lohfink에 의하면, 어거스틴의 저술에서는 이러한 구절들에 대한 언급은 없었다고 한다.[6] 그러나 어거스틴은 "땅 끝까지 전쟁을 그치게 하시고…"시 46:9에 대해서는 여러 번 논평하였다.

이 말씀은 아직 이루어지지 않았다. 실제로 전쟁은 아직도 계속되고 있다. 사람들은 여전히 서로 지배하기 위해 대항하고 싸운다. 당파 간의 싸움이나, 유대인들, 이방인들, 그리스도인들, 또는 이단자들 간의 전쟁은 아직도 계속되고 있다. 어떤 이들은 진리를 위해서 싸우지만 어떤 사람들은 그릇된 생각으로 투쟁을 한다. 아마도 언젠가는 이 말씀이 이루어질 것이다. 과연 이 말씀이 이루어진 적이 있었던가? 그렇다. 일부 사람들에게는 이루어졌다. 알곡에게는 이루어졌지만(싸움이 없지만) 가라지에게는 아직 아니다.[7]

어거스틴 이래로 기독교 국가에서 사는 대부분의 그리스도인들은 평화가 우리 마음속과 사후死後세계에서만 가능하다고 굳게 믿었다. 그리고 이 땅의 사람들과 교회 안에서는 평화를 불가능하게 여겼기에 그리스도인들은 정의를 위해서라면 억지로라도 폭력과 친구가 되어야만 했다. 그러므로 서구의 주류 기독교 전통이 평화에 대해 말하지 않았다는 것은 더 이상 놀랄 일이 아니다. 그 당시 어거스틴과 암브로스Ambrose가 기독교의 '정당한 전쟁Just War' 전통을 폭력을 제한하는 수단으로써 소개했다는 것 또한 이해할 만하다. 평화에 대해 말하는 것이 그들의 경험으로는 납득이 가지 않았던 것이다.

그러나 물론 수 세기를 지나는 동안 이에 대한 다른 접근도 있었다. 우리가 알고 있는 성 프란시스St. Francis, 퀘이커Quaker, 그리고 카톨릭의 노동자 운동이 그것이다. 그리고 재세례신자들anabaptist 역시 평화를 자신들의 정체성을 이루는 중요한 핵심으로 보았다. 예를 들어 1537년 메노 사이몬스Menno Simons는 평화를 참된 교회의 표시sign로 보았다. '그들은 칼을 쳐서 보습으로, 창을 쳐서 낫으로 만든 평화의 자녀들이었고, 전쟁에 대해서는 더 이상 모르는 사람들이었다.'[8] 그들은 하나님께서 절대적으로 예수를 통해 말씀하신 것과 초대교회가 생명을 내어준 이유에 대해서도 알고 있었다. 그러나 그 후의 교회들은 원래의 교회 모습^{평화교회}을 저버리고 세상적 관습에 순응해 버렸다.

복음을 평화의 복음으로 재발견함

오늘날 그리스도인들은 여러 가지 큰 이유에서 평화의 중요성을 재발견한다. 그리스도인들은 예수님의 삶과 갈등해결을 위한 새로운 대안적 접근에 매력을 느낀다. 그들은 그리스도의 이름으로 스스로 분리되기를 원했고, 자신들이 잔인하고 끔찍한 행동을 했음을 발견하였다. 그들은 폭력이 하나님의 목적을 이루는 데 진실로 합당하고 도움이 되는지에 대해서도 의혹을 갖고 있었다. 평화교회는 그러한 사람들에게는 탈脫기독교post-Christendom시대에서의 참된 가능성이었다.

이러한 사람들이 새로운 차원의 복음을 발견하고 있다. 하나님께서는 예수님의 십자가와 부활을 통해 사람들을 용서하셨고, 평화를 이루셨다. 그 결과 발견한 것은 다른 사람들을 용서하는 평화 운동을 하는 사람으로서의 특권을 누리게 되었다는 것이다. 그들은 하나님께서 주신 평화를 자기 마음속에만 간직하기를 원하지 않았다. 그것을 다른 사람들에게 나누고, 전하며, 원수를 사랑하는 방법으로까지 새롭게 변형시키길 원했다. 때로는 그것을 정치적인 성명서로까지 발표하기도 했지만, 하나님으로부터 자신들이 받은 진정한 소명이 아니었다.

그들의 주요 과제는 자신들이 그리스도 안에 있었기 때문에 그리스도 안에 거하고, 그들이 어떻게 평화를 만드는 평화의 사람들people of peace이 될 것인가에 대해 배우는 것이었다. 그들은 예수께서 우리를 비현실의 세계로 부르지 않으셨음을 알고 있었다. 예수님은 현실적이셨다. 그리고 우리가 세상의 적대감, 분노, 불의, 폭력 등에 대해서 진지하게 대처한다면, 그로 인해 우리가 갈등을 겪게 되고, 십자가의 길을 가게 될 것이라는 것도 알고 계셨다. 바로 그것이 예수께서 자신을 따르는 모든 사람들에게 약속하신 것이다.

그러나 하나님께서는 우리가 평화의 왕을 따르는 과정에서 겪는 갈등이나 모험을 통해서 역사하신다. 다음 장에서도 설명하겠지만 우리가 교회에서 평화를 논하는 것은 진정한 평화를 나누는 교회를 위해서도 유익하다. 그것은 우리 교회의 내적 생활domestic life, 즉 서로에 대한 우리의 관계와 의사결정 등을 변화시킬 수 있다. 더욱이 그것은 우리의 예배, 재산, 전쟁 등에 대해 증거하는 교회의 대외관계outward life에 깊은 영향을 미칠 수 있다. 이 모든 영역에 그리스도인은 평화의 하나님께서 평화를 만드는 다양한 방법을 사용하심을 배우고 있다. 그리고 우리가 이러한 것들을 경험하고 새로운 통찰과 습관을 받아들이며 또한 "우리는 평화교회다"라고 말할 수 있음을 배울 때에 하나님께서 웃으시면서 우리를 축복하실 것이다.

평화를 이루는 사람은 복이 있다. 하나님이 그들을 자기의 자녀라고 부르실 것이다. 마 5:9

제2장_교회의 삶

평화를 만드는 자의 반사행동 개발

메노나이트 교회의 가족으로 자랐던 나는, 얼음이 깨진 강물에 빠져 익사 직전의 위험에 처한 사람에게 한 남자가 손을 뻗어 구해내는 17세기의 그림을 자주 보았다. 당시 나는 어린아이였기 때문에 그림의 내용을 제대로 알지 못했다. 단지 그 일이 아주 오래 전에 풍차를 배경으로 한 네덜란드에서 일어났고, 구조자의 이름이 더크 윌렘스Dirk Willems라는 것만 알고 있었다. 종교적 박해가 무엇인지도 몰랐고, 구조된 사람이 자신을 구해준 더크를 마지못해 체포했으며, 이단이라는 죄목으로 화형에 처하게 했다는 사실도 몰랐다. 더크의 처형이 불공평했다거나 하나님께서는 왜 당신 종의 목숨을 보호하시지 않았을까라고도 생각하지 않았다. 더크가 옳은 일을 했는지에 대해서도 묻지 않았다. 추적자가 물에 빠져 익사한다 할지라도, 더크는 살기 위해 도망쳐야 하지 않았을까? 어쨌든 나는 더크가 왜 그렇게 했는지 묻지 않았다. 그는 왜 안전하게 도망가지 않고 되돌아간 것인가?

그때 이후로 나는 잰 루이켄Jan Luyken이 그린 '더크'라는 재세

례신자의 이야기를 많이 들어왔고, 또 직접 이야기하기도 했다. 그러면서 '왜?'라는 질문이 마음 속에 더욱 더 강하게 자리 잡았다. 더크는 왜 되돌아간 것인가? 그는 어떻게 해야 할지 생각하는 데 많은 시간이 걸리지 않았다. 물^{얼음}에 빠진 사람은 천천히 가라앉지 않고 빨리 가라앉는다. 그러므로 더크는 추적자의 비명을 들었을 때, 나중에 될 일을 생각하거나 그것을 도덕적으로 평가할 겨를이 없었다. 그는 반응해야만 했다. 더크의 반응은 완전히 반사적인 것이었다. 그러므로 필자는 이렇게 질문한다. 무엇이 더크로 하여금 그런 반사적 행동을 하게 했을까? 그는 어떻게 살려달라고 소리치는 원수에게 무조건적이고 반사적으로 응하는 행동양식과 습관을 개발할 수 있었는가?

반사행동은 중요하다. 우리에게도 모두 더크와 같이 절박한 상황에서 즉흥적으로 행동하는 반사행동 능력이 있다. 그것은 우리의 몸이 자연스럽게 반응하는 것을 말한다. 그러나 더크는 놀랍고도 궁금할 정도로 다르게 반응했다. 더크의 반사행동은 아마도 두 가지 면에서 훈련을 받았을 것이다. 하나는 예수를 따르려는 결정이었다. 그는 재세례신앙에 고무된 그리스도인으로서 예수의 삶과 가르침에 대해 깊이 생각했을 것이다. 그는 예수를 따르는 사람으로서 원수를 사랑해야 한다는 것을 알았다. 그는 핍박이 찾아

올 때 예수님의 가르침을 실천할 수 있게 해달라고 기도했을 것이다. 더크의 반사행동을 가능케 한 또 다른 이유는 자신이 속한 그리스도인 공동체의 삶 때문이었다. 그러한 반사행동은 더크에게는 개인적으로 가능했지만, 주로 습관적으로 몸에 익히고 규율을 지키는 사람들의 집단을 통해서 형성된다. 나는 그가 주님에 대한 사랑의 표현으로 원수를 사랑한 특별한 부류의 교인이었기 때문에 평소 자신의 행동 그대로 반응했다고 말할 수 있다.

우리가 더크의 삶과 죽음을 반영하는 것은 평화교회로 나아가는 데 도움이 된다. 우리가 평화교회든 아니든, 교회는 우리의 내면 가장 깊은 곳으로부터 생겨나는 반사적 행동의 결과로 나타난다. 그것은 우리의 깊은 가치와 확신처럼 가장 진실하고 깊은 단계에서 삶을 함께 나누는 사람들에 의해 형성된다.

누가 당신을 만드는가? 누가 우리의 반사행동을 훈련시키는가? 우리의 교회인가? 가족과 친구들인가? 아니면 TV 광고, 영화, 화장품인가? 만약 그 훈련의 주체가 교회라면, 당신의 교회는 예수님의 가르침과 그분의 삶을 세상에 증거하기 위해서 우리가 일상생활에서 하는 것처럼 우리의 개인적인 반사행동을 구체화하는 데 도움을 주고 있다고 생각하는가?

평화를 만드는 문화로서의 교회

교회는, 우리가 경배하는 하나님과 그분의 말씀 안에서, 하나의 문화가 되도록 부름을 받았다. 우리는 문화를 역행하도록 부름 받지 않았다. 우리의 삶과 증거는 반드시 문화적 형태를 취한다. 그러나 우리에게는 하나님께서 약속하신 말씀이 성취될 벅찬 미래가 있다. 그리스도인들은 더 이상 세상을 지배할 수 없다.9 다양한 문화 속에서는 특정 문화가 다른 문화를 자기 방식으로 강요하지 못한다. 그러나 우리에게는 예수 그리스도와 교제하고, 그분의 가르침과 삶의 방식을 분명하고도 실천적으로 발전시키고, 그것을 그리스도인의 문화적 정체성으로 만들 수 있는 기회가 있다.

우리는 '대조 사회contrast society'10를 살아가고 있다. 카톨릭, 침례교, 성공회 또는 신생 교회에 관계없이 우리는 예수 그리스도를 따르기 때문에 다른 문화에 순응하지 않는 '비순응자들nonconform-ists'이 될 수 있다. 우리는 새로운 반사행동을 개발할 수 있다. 우리는 새로운 가능성과 의미를 발견할 수 있다. 우리는 주님을 경배하고 '평화교회'라는 말에 의미를 부여하시는 주님을 섬기는 교회다.

하나님께서는 교회로 하여금 세상을 치유하기 위해 당신의 자녀들을 변화시키키신나는 사실을 우리는 믿어야 한다. 하나님의 복음은 진리 그 자체이기 때문에 하나님께서는 우리가 복음을 받아들이고 평화와 용서의 사람들이 되기를 바라신다. 하나님께서는 우리가 그리스도 안에서 평화를 받아들이고 어떻게 평화의 사역자가 되는지 배우기를 원하신다. 런던 성공회 주교 리차드 차트레스Richard Chatres는 교회가 기여해야 할 부분을 다음과 같이 잘 설명했다.

> 모든 인간 사회의 최우선 안건은 우리가 다른 사람들과 어떻게 관계를 이루며, 평화적으로 살고, 교회로 하여금 어떻게 관계를 세우는 학교가 되게 할 수 있느냐는 것이다…[11]

우리는 평화를 만들기 위해 갈등을 회피하지는 않을 것이다. 오히려 더크가 그랬던 것처럼 갈등을 긍정적이고 희망적으로 다루게 하는 우리의 반사행동을 개발해야 할 것이다. 하나님께서는 그리스도를 통해서 우리에게 평화를 주셨고, 우리가 함께 평화를 이룸으로써 세상에서 평화의 사역자가 되기를 원하신다. 교회는 교회생활이 어떠해야 하는지를 배우는 것 말고는 이 세상에 보여줄 것이 없다. 그렇지만 어떻게 세상에서 평화를 만드는 일이 가능할 수 있겠는가? 어떻게 우리는 그러한 '관계를 세우는 학교school of relating'가 될 수 있겠는가?' 어떻게 우리는 평화를 만드는 제자가 될 수 있겠는가? 어떻게 우리는 평화교회가 될 수 있겠는가?

평화를 만드는 제자 훈련

예수님은 마태복음18장15~ 20절에 이에 대한 실마리를 주셨다. 우리는 스스로 교회 안에서 평화의 사역을 배울 때까지 이 세상에 평화를 가져올 수 없다.12 이 말씀은 교회에서 어떤 사람이 다른 사람에게 죄를 범했을 때 어떠한 절차로 문제를 해결해야 하는지를 말해 준다. 예수께서는 당연히 교회 안에서도 문제가 있을 것이라고 말씀하셨다. 예수께서는 '형제자매가 죄를 범했을 때' 어떻게 해야 하는지에 대한 가르침을 주신 것이다.마18:15 예수께서는 이것이 놀라운 일이라고도 말씀하지 않으셨다. 사람들은 죄를 범한다. 피상적이지 않고 진짜 삶이 나누어지는 관계라면 그 안에서 죄가 발생한다. 사람들은 교회 안에서도 죄를 범한다. 교인들은 때때로 서로에게도 죄를 짓는다. 물론 우리도 다른 사람들에게 죄를 범한다. 예수께서는 우리의 형제자매들끼리도 서로 원망할 때가 있다는 것을 일깨워 주셨다.마 5:23 교회 안에서도 죄와 갈등은 항상 있을 것이다. 문제는 우리가 어떻게 그런 상황들을 잘 다룰 수 있는가 하는 점이다.

예수님의 교훈은 평화가 아닌 갈등이 생겼을 때에 관한 가르침이다. "갈등을 회피하지 말고 바로 직면하라!"는 말씀이다. 타인에게는 말하지 말고 먼저 당사자에게 직접 가서 개인적으로 범한 잘못을 지적하라는 말씀이다. 험담하지 말라. 예수께서는 제자들에게 아주 특별한 대면 방식으로 문제를 해결하라고 하신다. 예수께서 강조하신 대면하는 방식의 특징은 잘 말하고 잘 듣는 것이다. 예수님은 죄를 범한 사람이 세 번이나 들어야 한다고 강조하셨다. 예수님은 그의 제자들이 이렇게 말을 주고받는 과정에 직접 관여하기를 원하셨다. 우리는 이러한 과정을 시작할 때 무슨 일이 일어날지 모른다. 그러나 서로 직접 말함으로써 갈등 상황을 아주 새롭고 분명하게 발견할 수 있다. 상대에게 귀 귀울임으로써 상대방_{갈등 상대자}에 대한 이해를 새롭게 발견하고 또 회개할 수도 있다. 또한 우리도 상대에게 납득할 만한 진실, 관점, 고통이 있음을 발견할 수 있을 것이다. 심지어 우리가 상대에게 죄를 범했고, 그러므로 우리 자신이 먼저 회개해야 할 사람이라는 것을 발견하게 될 지도 모른다.

만일 이러한 일대일 대화가 관계 회복에 도움이 안 된다면 다음 과정을 준비해야 한다. 예수님은 계속해서 매번 듣는 것을 강조하셨다. 직접 대면했는데도 불구하고 상대가 듣지 않는다면 다른 사람을 한두 명 데리고 가서 다시 잘 듣기를 시도하고, 그럼으로써 상대 역시 나의 입장을 들어줄 것을 기대할 것이다. 이렇게 하는데도 상대가 거절하면 우리는 그것을 교회에 이야기해야 한다. 그러나 죄를 범한 사람이 교회에서조차도 모든 사람의 의견을 듣기 거부한다면 그는 이방인이나 세리와 같이 여겨질 것이다. 예수께서는 듣는 것listening이 공동체 가치의 핵심이라는 것을 분명히 하셨다. 형제자매들은 듣지 않음으로써 그들이 스스로 공동체 밖의 사람들이라는 것을 나타낸다. 그들은 공동체의 핵심적인 가치를 존중하지 않는다. 그들은 자신들의 반사행동이 바르게 형성되기를 허락하지 않는다. 그러므로 예수께서는 그런 사람들을 외부인으로 대하라고 말씀하셨다. 예수께서는 그들을 이방인과 세리와 같이 여기되, 사랑과 희망을 가지고 대하라고 말씀하셨다. 그러나 이들이 메시아 공동체의 새로운 문화에 참여하지 않는 사람임을 아셨다.

예수님의 임재는 이렇게 직접 대면을 통한 평화의 사역을 통해 느낄 수 있다. "두세 사람이 내 이름으로 모인 곳에는 나도 그들 중에 있느니라."마18:20 예수께서는 제자들이 이렇게 사랑으로 대면하는 기술art of loving confrontation을 실천하고 우리도 상대방의 의사를 잘 듣는 기술을 개발할 때 함께하실 것이라고 약속하셨다. 그러므로 우리의 기분을 상하게 했거나 아니면 우리에게 죄를 범한 사람에게 직접 말을 할 때에는 이렇게 기도할 수 있다. "예수님, 주님께서는 우리와 함께 하신다고 약속하셨습니다. 우리가 서로 다르지만 당신의 길을 가려고 할 때 우리와 함께하옵소서."

이 말씀은 용서받은 죄인들을 위한 가르침이다. 이 말씀은 깨끗하고 흠이 없는 교회가 아닌 하나님께서 용서하신 사람들의 교회를 위한 것이다. 예수께서는 이 말씀을 하신 후 바로 이어서 베드로에게 공동체 식구들은 일흔 번을 일곱 번이라도 용서해야 한다마 18:21-22고 일깨워 주셨다. 예수께서는 제자들이 갈등을 직면할 때, 용서받은 사람이 다른 용서받아야 할 사람들에게 나아가는 것처럼 하라고 말씀하셨다. '너희는 모두 빚진 자라!' 평화를 만드는 사역도 하나님의 은혜가 있기에 가능하다! 그러므로 '겸손하라!' 진실된 관계야말로 평화교회의 모든 것을 말해준다.

교회 안에서 평화를 만드는 사역과 갈등해결에 관한 예수님의 가르침이 평화교회의 기초다. 그러나 예수님은 이것이 항상 성공할 거라고도 약속하지 않으셨다. 우리는 때때로 우리에게 죄를 지은 사람에게 직접 다가감으로써 상대의 마음을 열게 하는 놀라운 관계회복을 가져오는 치유 사역을 경험할 것이다. 때로는 다른 사람들의 이야기를 오히려 들으려 하지 않거나, 우리 자신도 그냥 대화 자체를 포기해 버릴지 모른다. 힘의 불균형 때문에 직접 만나는 일 자체가 어려운 경우도 있다. 그러나 예수님은 힘의 불균형이 있을 때를 대비해 한두 사람과 함께 가는 것을 말씀하셨다. 예수님께서는 전쟁이 벌어지는 세상 속에서 제자들의 공동체를 통한 평화의 문화를 이루셔야 했기 때문에 평화를 만드는 기술의 실천은 매우 분명하고도 중요했다.

갈등이 생기는 것은 당연하다!

예수께서는 얼마나 혁명적이셨던가! 그분은 양탄자 밑의 먼지를 치우듯 갈등을 쓸어버리지 않으셨다. 예수님 자신의 평화 사역에도 갈등은 있었다 "너희는 내가 세상에 평화를 주러 온 줄로 생각하느냐? 내가 너희에게 말한다. 그렇지 않다. 도리어, 분열을 일으키러 왔다."눅 12:51 예수님의 부활 이후에도 제자들에게는 갈등이 있었다. 제자들이 집단을 이룰 때에도 갈등과 문제는 발생했다. 아니 그렇게 갈등이 생기게 마련이었다. 왜냐하면 하나님께서는 이전에는 함께하지 못했던 서로 다른 사람들을 불러서 놀랍게도 함께하는 평화의 공동체community of peace 가족으로 만드셨기 때문이다. 그리고 초대교회에서도 그랬던 것처럼 어떠한 새로운 종교 운동의 경우라도 갈등은 있었다. 사람들이 삶의 문제를 심각하게 받아들이는 곳에서는 서로 차이가 있다는 것이 어쩌면 필연적인 법칙인 듯하다. 갈등은 기독교 운동의 처음부터 있었다. 그러나 성경은 갈등이 이따금씩 중요하고, 또 유용하다는 것을 분명히 말하고 있다.

예루살렘 교회에서 히브리파와 헬라파 간의 갈등 이야기^{행 6:1-7}는 이에 대한 실례이다. 교회가 사람들에게 음식을 제공하는 데 있어서 공동체에서 가장 연약한 자들^{헬라파 이민자들 사이의 미망인들}이 무시당하고 있었던 것이다. 이것은 갈등으로 이어졌지만, 뒤이어 놀랄 만한 사건이 일어났다. 공동체의 지도자들은 성도들을 불러 모아 공동체 전체의 비전^{말씀을 선포하는 것뿐 아니라 사람들을 먹이는}을 일깨웠고 모든 사람들이 함께 참석한 가운데 상호적 의사결정 과정을 채택하였다. 그 결과는 엄청난 것이었다. 그들은 모든 사람들이 부양되고 말씀도 계속해서 선포될 수 있게, 상대적으로 연약한 공동체의 남자들을 선택해서 식량을 분배하게 한 것이었다. 우리는 여기서 집단들 사이의 마찰이 생산적일 수 있다는 사실을 분명히 알 수 있다. 하나님의 성령은 예언적 말씀만을 통해서가 아니라, 유익한 과정을 통해서 역사하신다. 갈등은 좋은 기회일 수 있다.

그리고 한 가지 경고한다면 사람들이 갈등을 인식하지 못하고 오히려 두려워하거나 좋지 않게 생각한다면 사태는 아주 나빠질 것이다. 갈등을 무시하거나 회피한다면 결과는 완전히 불쾌해질 것이다. 사람들은 분노, 우울, 감정 폭발, 깨어진 관계를 경험할 것이고, 결국은 교회로부터 떨어져 나가게 될 것이다.

우리 사회는 갈등으로 고민하고 있다

우리가 예수의 가르침을 배우고 실천 하는 데는 어려움이 따른다. 우리는 갈등을 잘 승화시키거나 평화를 만들지도 않으며, 대립적이고 사사건건 반대만 하는, 승자와 패자가 따로 존재하는 그런 환경에서 살고 있다. 영국의 하원 의원들에게는 전통적으로 상대편과 대면해서 질문하는 관행이 있다. 법정에서도 국회와 마찬가지로 대면하는 시간이 있다. 그러나 불행하게도 교회는 이런 모습이 아닌 사회의 다른 역기능만을 닮아가는 듯하다.

교회는 갈등해결 방법을 잘 배울 수 있다.

우리의 교회 문화는 무익한 갈등으로 좋지 않은 평을 받고 있다. 불신자들은 교회에 대해 자신들이 아는 만큼만 평을 하면서 교인들의 삶이 분쟁적이고 위선적이라고 놀린다. 그러나 우리는 그에 맞설 필요가 없다. 우리 교회는 갈등을 잘 해결하고 평화를 만드는 사역을 하는 그런 기독교 문화를 만들 수 있다. 갈등을 잘 다루는 기본 기술을 이해하는 것은 어렵지 않다. 그러나 그것을 잘 배워 실천하기까지는 시간이 걸리며, 이것은 또한 계속되는 도전이기도 하다. 평화 사역을 배우는 일은 교회가 종말이 올 때까지 감당해야 할 사명일 것이다. 그 사명을 감당하기 위해서는 모든 성도들에게 예수님의 평화 사역의 비전을 갖고 가르칠 수 있는 지도자가 필요하다. 이를 말해줄 교회로, 나는 남요크셔South Yorkshire의 멕스브로우Mexborough에 있는 옥스포드로드교회Oxford Road Church를 예로 들고 싶다. 그 교회의 갈등은 매우 심각했다. 그러나 그 교회는 최근 몇 년 동안 마태복음 18장 말씀을 어떻게 적용해야 하는지에 대해 광범위하고도 실제적인 가르침을 경험한 바 있다. 사람들은 교회 게시판에 평화 사역에 참여할 것을 알리는 포스터를 붙였다. 그 문구는 이렇게 시작한다. "가장 먼저 해야 할 일은 무엇인가? 일대일 만남! 아무에게도 말하지 말 것! 첫 단계가 실패하면 다른 누구와 함께 가서 이야기할 것! 그리고 다음 순서는 또⋯." 그 교회는 완벽한 교회가 아니었다. 완벽한 교회는 존재하지 않는다.

그러나 옥스포드로드교회는 완벽하지 않은 교회로써 어쩔 수 없는 갈등상황에서 예수님의 평화를 만드는 방법을 사용했고, 교회의 삶과 증거 안에서 하나 됨을 발견했다.

대부분의 교인들은 갈등을 많이 다룰 필요가 있다. 사람들은 겉으로는 갈등이 없어 보이는 것이 평화가 아니라는 사실을 인식해야 한다. 하나님은 거짓 평화를 싫어하신다. 선지자들은 샬롬이 없는 곳에 "샬롬, 샬롬"이라고 선포하는 예배를 나무랐다.겔 13:10 예수님은 성전교회에 가셨을 때에 참된 평화를 위해서 돈 바꾸는 자들의 상을 뒤엎으셨고 불의를 드러내셨다.막 11:15-18 평화를 어지럽힌 것인가? 하나님은 정의롭고 진실한 올바른 관계의 평화를 갈망하신다.

평화를 만드는 사람에게 필요한 네 가지 태도

우리의 평화 사역은 하나님께서 갈등을 잘 해결하는 태도와 기술을 가르쳐주심에 따라 가능해질 수 있다.

• **겸손**: 우리는 같은 죄인이지만 하나님의 사랑과 용서를 받았으며, 통찰과 비전을 구비한 다른 사람들의 목소리에도 귀 기울여

야 한다. 하나님의 진리는 우리가 이미 경험한 것보다 더 넓고, 특히 다른 사람을 통하지 않고서는 볼 수 없는 부분이 많다.

• **타인의 안전을 보장함**: 사람들은 놀림 받지 않고 의사표시를 자유롭게 할 수 있다고 느낄 때 자신들의 견해를 가장 잘 표현한다. 우리와 다른 입장을 고수하는 사람들이 있을지라도, 우리는 그들을 '자유주의자', '근본주의자' 또는 '시대에 뒤떨어진 사람'이라고 부르지는 않을 것이다. 우리는 하나님의 사역이 반목反目이 아니라 우정을 세우는 것이라고 믿기 때문에, 상대가 원수일지라도 그들을 해하려고 하지 않을 것이다.

• **갈등 인정**: 우리는 갈등이 교회 생활의 일부분이라는 것을 인정한다. 그것은 실제 문제에 있어서는 각자의 관심도 다르고 열정도 다르며, 또한 권력 개입이 존재함을 의미한다.

• **확신과 소망**: 우리는 하나님께서 특별히 갈등 상황에서 평화를 만드는 사역을 하신다고 믿는다. 우리가 만일 성령의 사역에 진실하고 연약한 우리의 모습 그대로 마음을 열고 기도한다면, 성령께서는 모든 창조적 활동으로 역사하실 것이라고 믿는다.

평화를 만드는 사람에게 필요한 네 가지 기술

• **진실한 대화:** 평화의 사역자들은 사랑과 열정, 겸손한 마음으로 진솔하게 의사소통하는 법을 배워야 한다. 이것은 말로만 해서 끝나는 문제가 아니다. 에베소서 4:15은 "사랑으로 진리를 말하고"라고 강조하고 있다. 이것은 종종 "사랑 안에서 참된 것을 말하여"라고 번역되지만, 그 의미는 더 넓다. 우리는 말로 하는 대화뿐 아니라 몸짓, 얼굴 표정, 행동, 결단을 할 때도 사랑하는 사람과 완전히 터놓고 진실을 이야기하는 것처럼 '사랑 안에서의 진실'을 말해야 되는 것이다. 솔직한 대화는 때때로 서로에게 상처를 입힐 수도 있고, 또한 우리의 필요와 걱정, 바람에 대해서도 직접 표현하며 서로 격려하는 직접적인 대면 상황을 불러올 수도 있다. 우리가 '사랑 안에서 진실'을 배울 때 우리는 그리스도의 성품으로 성장할 것이다. 우리 교회는 의사소통을 잘하는 방법 배우고, 이에 모범이 되는 문화를 창출할 수 있을 것이다.

• **경청:** 평화의 사역자들은 잘 듣는 것을 배워야 한다. 갈등에 빠진 사람들은 일에 대해 지나치게 걱정하고, 말을 많이 하고 싶어한다. 따라서 우리는 다른 사람이 말하는 것을 정말로 주의 깊

게 듣는 기술을 개발할 필요가 있다. 우리는 다른 사람을 이해하고 상대방의 경험과 생각에 함께하고 있다는 것을 알리고자 할 것이다. 그리고 상대의 말을 들을 때 몸과 눈의 언어로 집중하고 기꺼이 듣고 있다는 사실을 전달하기 원할 것이다. 유고슬라비아 내전으로 인해 가족과 친구들이 고통을 겪던 크로아티아의 신학자 미로슬라브 볼프Miroslav Volf는 그의 책 『배제과 포용』에서 다음과 같은 말을 했다.

> "우리는 갈등을 겪고 있는 타인의 목소리와 관점을 잘 듣고, 서로 볼 수 있도록 허락하며, 필요하다면 상대의 관점을 받아들이고 자신의 관점을 재조정함으로써 우리의 생각을 확장시킬 수 있다."

• **공동체적 관심**: 평화의 사역자들은 공동체 안에서 인간의 경험이 복잡하게 뒤섞여 있음을 배운다. 평화를 만드는 사람들은 세대 차이의 중요성을 알고 있다. 이들은 더크 윌렘스처럼, 자신들의 반사 행동을 평화의 왕과 함께하는 우정으로 거룩하게 승화시키는 사람들이다. 그들은 단순히 자신이 누구이고 무엇을 하는 사람들인가라는 그 자체만으로도 가르칠 것이 많은 사람들

이다. 그들의 지혜로운 말과 이야기는 중요하다. 평화교회는 나이 드신 어른들이 젊은이들을 지도할 수 있는 환경을 반드시 마련해야 한다. 다른 한편으로 젊은 그리스도인들 역시 나이 드신 분들에게 진정한 기독교인과 비기독교인의 실제 삶의 차이는 무엇인가라는 생생하고 자극적인 질문과 시험을 기꺼이 할 수 있어야 한다. 평화를 만드는 지혜와 기술, 태도 등은 바로 이러한 세대 간의 나눔을 통해 배울 수 있다. 게다가 평화를 만드는 사람들은 '정의'와 '평화'는 서로 밀접한 관련이 있으며 공동체의 '샬롬'은 경제적 문제까지도 기꺼이 직면하는 것이라는 사실을 명심해야 한다. 사도행전 6장과 고린도전서 11장 이하에서는 교회의 지도자들이 공동체 안에서 어떤 사람은 부유하고 어떤 사람은 그렇지 못한 경우를 보면서 이런 것은 성도의 교제를 손상시키고 평화를 왜곡하는 것임을 지적하고 있다. 경제적 필요를 민감하게 느끼는 어떤 교회들은 불평등을 줄이고 그들의 필요를 채우기 위한 근본적인 대책을 마련하기로 했다. 이러한 일이 일어나지 않는 교인들의 교제는 결국 형식적으로 될 것이고, 그러한 경제문제는 교회의 평화를 훼손시킬 것이다.

• **적절한 진행:** 평화를 만드는 사람들은 평화교회의 의사결정이

공정하고 신뢰할 만하며, 공동체적으로 이뤄져야 한다고 주장한다. 나는 침례교와 퀘이커의 모임에서 잘 이뤄졌던 것처럼, 그런 교회의 모임이 평화교회가 성장하는 중추 역할을 한다고 믿는다. 물론 교회 회의에서도 개인의 관점을 주장하고 실력을 행사하며 뛰어난 토론 기술을 갖춘 사람들이 존재한다. 그러나 교회가 너무 세속화되고 자신의 고유한 문화를 개발하는 데 실패한다면, 그 열매는 상당히 변형되어 나타날 것이다. 그러나 교회가 그리스도인들이 함께 결단해 나감에 따라 "평화의 띠로 묶어서, 하나가 되게 해 주신"엡 4:3 것을 깨닫기 시작할 때에는 그 정반대가 될 수도 있다. 교회의 지도자들은 성령께서 지도자들뿐만 아니라 일반 성도들 가운데서도 역사하심으로써 자신들이 기대한 것보다 더 좋은 결과를 낳을 수도 있다는 사실을 믿어야 한다. 이럴 때 교인들이 자신들의 관점이 문제가 된다는 것을 안다면, 그들 또한 아주 열정적이고 주체적으로 대응할 것이니 이것은 놀라운 일이 아닐 수 없다.

평화교회로의 여정

한 교회가 평화교회가 되기 위해서 무엇을 결단해야 하는가는 쉬운 문제가 아니다. 변화를 요구하는 것들은 수없이 많다. 서로 차이를 건설적으로 다룰 수 있게 하는 태도와 반사행동, 잘 듣는 것, 사랑 안에서 진실을 말하는 것, 하나님의 통찰이 다른 사람의 경험에 임하기를 기대하는 것, 그리스도께서 이 땅에서 보이신 평화의 방법을 성령께서도 지금 이루신다는 것을 믿는 것이다. 그러나 평화를 만드는 완전한 계획은 없다. 각 교회는 각자의 때와 방법에 따라 그대로 배울 것이다. 그러나 어느 교회든지 이러한 변화를 수용한다면 그 교회는 이미 평화교회로의 여정旅程에 오른 것이다. 그러나 여정이 다 끝났다고 생각한다면 화가 있으리라! 그런 교회는 평화교회가 아닐 것이다. 사가랴가 메시아를 맞았던 것은 확실히 옳았다!

> "이것은 우리 하나님의 자비로운 심정에서 오는 것이다. 그는 해를 하늘 높이 뜨게 하셔서, 어둠 속과 죽음의 그늘 아래에 앉아 있는 사람들에게 빛을 비추게 하시고, 우리의 발을 평화의 길로 인도하실 것이다." 눅 1:78,79

하나님의 평화 사역은 교회의 내적 생활domestic life에 변화를 가져올 것이다. 뿐만 아니라 교회의 삶과 증거를 대외적 관계foreign relations로까지 발전시킬 것이다. 이에 관해서는 다음 제3장에서 다루고자 한다.

제3장_교회의 대외정책1: 예배

"너희에게 은혜와 평화가…" 우리가 은혜만큼이나 평화를 진지하게 다룰 때, 교회와 세상에서 볼 수 있는 현상은 무엇인가? 우리가 개인이나 전체 삶의 일부분으로서가 아닌 삶의 모든 영역에서 평화롭고 거룩하신 평화의 하나님을 받아들일 때 어떠한 변화가 생기는가?

필자는 앞장에서 평화를 교회의 정체성으로 받아들일 때와 그렇지 않을 때에 큰 차이가 생긴다는 것을 주장했다. 그것은 우리의 사고방식을 바꾸게 한다. 더욱이 교회에서 평화의 몫은 중요하다. 그것은 우리 교회의 삶을 바꾼다. 그것은 평화를 만드는 기술과 제자훈련을 배우는 사람들이 공동체를 만드는데 도움을 준다.

또한 교회가 증거하는 것, 우리들의 삶과 사람들에 대한 접근방식 등을 바꾸게 한다. 그것은 교회의 대외정책foreign policy을 바꾸게 한다.

다차원적 갈등이 존재하는 세상에서의 삶

20년 전 서구의 많은 사람들은 핵무기를 보유한 양극화된 냉전세계에 사는 것에 대한 두려움이 있었다. 그러나 탈냉전의 시대를 사는 지금, 핵무기의 위협과 두려움은 감소한 듯하지만 이 세상의 갈등만큼은 그 전보다도 훨씬 더 복잡해진 듯하다. 세상은 거대한 동맹이나 민족국가로 나누어진 것이 아니다. 세상은 오히려 혼합 문화, 부족, 민족, 종교 집단으로 나누어졌다. 냉전 중에도 다문화 사회가 존재했지만 그것이 세상을 압도하지는 못했다. 그러나 지금은 그것이 민족과 국가를 쪼개고 정치적인 경계를 무시하는 문화적 정체성과 함께 나타났다. 그러한 문화 집단세르비아와 알바니아, 팔레스타인과 이스라엘, 쿠르드와 터키 등 은 무한한 열정을 갖고 종종 치명적인 폭력을 초래하곤 했다. 이런 것은 비단 다른 곳의 일만은 아니다. 그것은 주변 사람들에 대한 우리의 특징이며 장점이기도 하다. 우리는 소멸되지 않을 다문화에 살고 있다. 우리는 복잡하고 갈등이 많은 세상에서 함께 살아가야 하는 법을 배워야 한다.

그러므로 우리 교회가 증거하는 일, 곧 교회의 대외정책은 이러한 상황에서 전개되어야 한다. 필자는 우리가 어떻게 평화교회가 되는지를 발견함에 따라 하나님의 능력을 체험하고, 세상에도 유익을 가져온다는 확신이 있다. 이 장에서는 평화교회가 되는 것이 우리로 하여금 어떻게 심오한 예배를 드릴 수 있게 하는지에 대해서 알아볼 것이다. 그리고 마지막 장에서는 이러한 것이 어떻게 일, 전쟁, 그리고 증거에 대한 접근 영역의 변화를 가져올지에 대해서도 설명할 것이다.

평화를 만드는 예배

과연 예배는 교회의 '대외정책' 중 하나인가? 그것은 그리스도인들 가족만을 위한 내적 활동이 아닌가? 만일 예배를 그렇게 이해한다면 그것은 세상과 아무런 상관이 없을 것이다. 나는 예배 드릴 때 이따금씩 달에서 방금 귀환하여 검역을 마친 첫 우주비행사가 생각난다. 달이 지구를 더럽히기를 원하는 사람은 아무도 없을 것이다. 이것이 바로 우리들 교회 예배의 일반적인 모습이다. 세상은 격리되어 있다. 우리는 세상이 교회에서 일어나는 일을 오염시키기를 원치 않는다. 그렇게 한다면 예배는 허구와 거짓으로 인도될 것이다. 교회의 예배는 세상을 사랑하고 당신의 백성들로 하여금 세상에서의 선교에 참여할 수 있도록 능력을 부여하기 원하는 하나님과의 신실한 만남이다. 하나님은 개인적인 하나님이시며 우리를 기꺼이 만나기를 갈망하시는 분이시다. 그러나 하나님은 역사의 주인이시다. 그리고 모든 인류, 민족, 권세, 능력의 진정한 주인이시다. 더욱이 예배는 하나님의 임재를 다른 사람들과 함께 경험하는 모임이다. 우리가 함께 만나 하나님의 임재를 느낄 때 우리는 예배를 통해 새로운 빛 가운데 있는 세상과 일을 경험할 것이다. 우리는 변한다. 예배가 우리를 변하게 한다. 그러므로 우리는 어려운 상황에서도 하나님의 사역을 할 준비가 되어 있다. 예배는 역사의 원동력이다. 그것은 평화를 만드는 엔진이다.

1. 우리는 주인 되신 예수 그리스도를 찬양한다

우리는 하나님께 예배하러 모일 때에, 예수의 이름으로, 예수께서 주님이심을 고백하기 위해 모인다. 이것은 엄청난 사실이다. 비록 세상에는 여러 종류의 작은 주인들이 있지만, 우리는 우리의 궁극적인 충성이 예수께 있음을 단호히 주장한다. 우리가 섬기는 주권의 대상에 갈등이 있을지라도 우리가 순종해야 할 분은 바로 예수님이다. 그러므로 예수님의 가르침은 권위가 있고 그분의 가신 길은 우리에게 규범이 된다. 우리는 모일 때 그분의 관점으로 세상을 볼 수 있도록 우리 자신의 마음을 열어야 한다. 우리는 예배드릴 때 그분의 말씀을 전하고 이야기한다. 그럼으로써 예수께서 이해한 방법대로 현실을 볼 것이다. 예수 그리스도를 이해한다면, 우리 문화에서 상식으로 여겨지는 많은 일들은 이해가 되지 않을 것이다. 부, 평화, 진리, 적敵, 성性, 신뢰 등에 관한 예수의 가르침은 21세기를 살아가는 사람들에게는 좋은 이야기가 아니다. 하나님은 예배 중에 우리가 '상식으로부터 해방 liberation from common sense'되고 '거룩한 광기holy madness'를 부리도록 격려하신다.13

그러므로 우리가 평화교회로서 예배드릴 때에는, '예' 또는 '아니오'의 대답을 분명히 해야 할 것이다. 즉 하나님의 길을 선택하고, 시대의 조류에 민감하게 흔들리는 행동은 거부할 수 있어야 한다. 우리는 평화교회의 예배를 통해 주님의 관점을 추구하고, 하나님께서 예수를 통해 보여주신 그분의 길과 진리, 우리의 삶과 경험이 예수의 삶과 일치하는지를 분별해야 할 것이다. 이와는 반대로 우리가 벗어버려야 하고 신뢰해서는 안 되는 세상적 지혜가 있다면 무엇인가?

2. 우리는 전세계적인 하나님의 가족과의 결속을 확신한다

왜냐하면 오직 주님만이 만유의 주인이시고, 하나님의 은혜의 법을 아는 백성도 궁극적으로는 하나이기 때문이다. 우리는 하나님의 은혜로 똑같은 왕의 자녀가 되었고, 그러므로 우리는 모든 부족과 민족으로부터 모인 믿어지지 않는 한 가족, 한 형제자매들이다. 우리는 전 세계적으로 그리스도의 이름으로 만나는 곳 어디에서나 찬양 중에 하나가 되고, 그리스도 안에서 하나가 된다는 기본적인 사실을 인식한다. 이것은 사람들에 의해 마음대로 갈라진 세상을 되돌아보게 하는 예언적 암시이다.[14] 왜 그리스도 안에서 하나 되는 것이 놀랄 만한 일인가? 그것은 그리스도께서 우리를 하나되게 하셨고, 그분의 은혜로 한 형제자매가 되었으며, 그분의 식탁에서 빵과 포도주를 함께 나눌 수 있는 그리스도인이라는 것을 생각하지 못하게 우리 사회가 우리를 조정하고 있기 때문이다. 사회는 우리를 동방정교인이나 침례교, 장로교 그리스도인이 아니라 세르비아인과 같은 인종과 국적을 기준으로 이해하도록 만들고 있다. 이를 뒷받침하는 증거가 바로 1945년에 일본의 나가사키를 초토화시킨 원폭투하 사건이다. 당시 미군 폭격기의 조종사는 군종 신부에게 영적 후원을 받은 가톨릭 신자이었지만 그는 일본에서 가장 넓은 그리스도인 공동체의 심장부였던 가톨릭 성당을 폭탄 투하의 중심 목표로 삼았던 것이다. 결과는 어떠했는가? 폭탄은 두 가톨릭 수녀원을 완전히 쓸어버렸다. 그리스도의 몸이 전쟁으로 인해 고통을 당한 것이다.

평화교회 예배는 이러한 가치를 재평가한다. 평화교회는 하나님의 가족들을 더 이상 모독하지 않기 위해 더 큰 의미에서 그림을 그려야 한다. 그러므로 사람들은 세계 도처에 있는 그리스도인들에게 편지, 사진, 이메일 등으로 소식을 서로 교환해야 한다. 외국인이 우리 교회를 방문한다면 우리는 더욱 기대하는 마음으로 그들의 이야기를 듣고자 할 것이다.

3. 우리는 하나님의 말씀을 이야기한다

하나님의 사역에 대한 성경의 표현 중 예배에서 만큼 이를 잘 설명하는 곳은 없다. 모세와 미리암의 노래부터_{출애굽기 15장} 시편과 신약 교회에 나타난 유월절 식탁 예배에까지 우리가 예배를 기억해야 됨을 강조한다. 이 모든 것들은 하나님의 이야기를 말하는 방법이다.

왜 이것이 중요한가? 그것은 인간이 스스의 이야기를 통해 자신의 정체성을 형성하는 존재이기 때문이다. 우리의 신앙과 개성은 우리가 경험하고 발견한 진실된 이야기에 근거한다. 성경의 기록자들은 이 사실을 알고 있었다. 그들은 하나님과 하나님의 백성들에 대한 이야기가 예사롭지 않다는 것도 알았다. 하나님께서는 아직 자손이 없었던 아브라함과 사라를 부르셔서 말씀하시기를, 그들이 안정된 삶의 터전을 떠나서 예수 그리스도 안에서 외부 사람들과의 장벽을 허물기까지 하나님께서 지시하신 땅을 향해 떠나간다면 모든 열방의 조상이 될 것이라고 약속하셨다. 이는 분명히 반문화적인 이야기였다. 이러한 이야기의 주제와 그 의미하는 바는 이해하기가 힘들다. 그러나 그리스도인의 예배는 그러한 이야기가 우리의 양심에 와 닿을 수 있게 한다.

그러므로 우리는 그런 이야기들의 깊은 뜻에 대해서는 궁금해하면서도 여전히 하나님의 은혜가 있기에 그런 이야기들을 증거한다. 그리스도인들은 모든 시대에 걸쳐 하나님의 말씀을 듣고 따르기보다는 부와 폭력을 더 좋게 생각하고 인간의 권력을 강화시켜주는 것들에 대해 더욱 민감하게 반응하라는 유혹에 직면하며 살고 있다.

그런 이야기들 중, 일부는 다른 많은 이야기의 근본을 이루는 기초가 된다. '구속적인 폭력의 신화'와 '군사 소비주의의 비유'는 그런 종류의 대표적인 이야기이다.[15] 이는 평범한 한국인들에게 무엇을 의미하는가? "오직 권력이 최고야, 나는 부모님보다 형편

이 나아 져야 돼, 글쎄, 무기 산업이 많은 일자리를 준다던데……"

"우리가 어떻게 믿고 생각하느냐에 따라서 다른 사람들이 우리를 따라올 수도 있고 그렇지 않을 수도 있다."

우리는 사회적 이야기의 주체로서 항상 유연하게 잘 적응하지만, 내적으로는 폭력 사용을 인정하고 그런 사람들을 만드는 이 세상의 거짓 사상에 의해 영향받고 있다. 우리가 이런 이야기들을 계속해서 받아들인다면, 우리 교회가 평화교회가 될 가능성은 희박해질 것이다. 그렇기 때문에 우리가 예배를 통해 하나님의 또 다른 이야기를 하고 생각하며 축하하는 것은 너무도 중요하다. 한번 생각해 보라! 여러분의 예배는 그러한 이야기를 담고 있는가? 어린이 설교, 성경 읽기, 하나님의 사역에 대한 증거, 세계의 교회와 교회사 이야기, 설교, 말씀, 성찬식 등 이 모든 것들은 우리 자신을 감동시켜 하나님을 기억하고 찬양하며 다른 방식의 삶을 살게 한다. 우리가 하나님의 이야기를 한다면 우리는 우리가 받아들이는 문화의 부정적 사상들에 의해 질식되지 않을 것이다.

4. 우리는 세상을 향해 하나님께 부르짖는다

성경의 기록자들은 하나님의 나라가 도래하고 이 땅에서도 주의 뜻이 이루어지기 위해 우리가 예루살렘의 평화뿐 아니라 세상의 왕들과 모든 백성들을 위한 평화를 위해 중보기도하라고 말씀하신다. 우리는 하나님의 평화, 하나님의 교회가 평화의 문화가 되어가고 있다는 사실을 아는 자들로서 하나님께 예배한다. 그러므로 평화를 거절하는 곳에서는 절규가 있다.

우리는 그런 외침을 듣고 하나님께 매달린다. 우리는 절규하는 신음소리와 당신 백성들의 기도를 들어주시는 평화의 하나님께 매달린다. 성령 하나님께서는 우리를 기도 중에 도우신다.롬 8:26-27 우리의 기도는 세상을 변화시킨다.계 8:3-4 '통치자들과 권세들과 이 어둠의 세상 주관자들과 하늘에 있는 악의 영들'에 대항하여 싸운다.엡 6:12 우리는 인간의 가치를 떨어뜨리고 비인간화시키며 불의, 전쟁, 피해, 희생양, 박해를 가하는 권세들과도 싸운다.

기도의 효과는 놀랍다. 15년 전만 해도 어느 누구도 그런 일들이 가능할 것이라고는 생각하지 못했다. 베를린 장벽의 붕괴, 냉전 종식, 남아공화국의 인종 차별 정책이 피 흘림 없이 폐지된 것, 아일랜드의 평화 운동 등이 그러했다. 이를 위해 어떤 교회들은 인내와 열정을 품고 기도하였다. "그가 땅 끝까지 전쟁을 쉬게 하심이여 활을 꺾고 창을 끊으며 수레를 불사르시는도다"시 46:9 우리는 기도할 때 하나님의 사역에 동참한다. 우리는 새롭고 감격적인 방법으로 평화를 만드는 일이 있는 곳 어디에서나 하나님을 찬양한다. 우리는 능력이 미약하지만 우리가 위임한 선교사들을 포함한 온 인류의 평화를 위하여 일하는 사람들을 위해 중보기도한다. 하나님께서는 우리 자신의 기도와 다른 사람들의 기도를 통해서 세상을 변화시키실 수 있다. 월터 윙크Walter Wink는 말하기를 "역사는 미래를 현재에 불러들이게 하는 중보기도자들에게 속한다"[16]라고 했다. 지금 우리는 어떤 불가능한 것을 위해 기도하는가? 세르비아와 코소보인들 사이의 올바른 관계를 위해서? 남북한의 평화적 통일을 위해서? 전 세계의 핵무기 철폐를 위해서?[17] 통합된 예배의 한 부분인 중보기도 없는 평화교회가 존재할 수 있겠는가? 그것은 생각조차 할 수 없는 일이다.

5. 우리는 우리의 신학을 노래한다

노래와 찬송은 중요하다. 우리는 신학을 논하기도 하지만, 우리가 노래하는 것들은 정말로 믿는 것들이다. 여기에는 평화교회의 비전을 만들고 활력을 불어넣게 하는 능력과 가능성이 담겨 있다. 그렇지만 여기에는 위험성도 내포되어 있다. 어떤 경우에는 우리가 부르는 찬양 때문에 회중들의 특성이 정해지고 파괴적 분열을 조장하는 갈등의 근원이 되는 '음악전쟁'으로까지 치닫는 경우가 있다.[18] 더욱 심각한 것은, 어느 한 쪽의 입장만이 일방적으로 우세 할수 있다는 점이다. 어떤 교회들은 경건의 모양만을 취한 옛 것은 절대적으로 거부하고 힘과 우월에 바탕을 둔 세속적인 신학이 담긴 노래만을 부르려고 한다. 어떤 교회들은 감정적이고 새롭게 보이는 것들은 방어적으로 거부한다. 이러한 두 접근 모두가 교회의 생명과 제자가 되는 길을 방해하는 것이다. 평화교회는 수 세기를 거치는 동안 새것과 옛 것을 그 곳간에서 내어 오는; 마 13:52 이어져온 창조주 하나님의 성령의 예술적 열매를 맺어야 할 필요가 있다. 그리고 평화교회는 샬롬의 비전에 영감을 받아 평화의 신학을 시와 음악으로 표현하는 작곡가들을 위해서도 하나님께 기도해야만 한다. 우리의 찬양은 우리를 내면화시킨다. 그것은 우리가 가장 약할 때나 늙고 병들어 죽을 때에도 우리와 함께한다. 우리는 우리의 노래를 현명하게 선택해야 한다.

6. 하나님은 우리와 화해하시고 용서하신다

예배의 주연主演은 하나님이시다. 하나님께서는 '성령 안에서의, 평화, 기쁨' 롬 14:17이라는 하나님 나라의 목표를 추구하는 사역을 하고 계신다. 하나님은 우리와 하나님 자신을 화목케 하는 사역을 하시며, 영육 간의 병을 치유하시며, 우리 죄를 용서하시며, 우리의 내적 동기와 우선 순위를 회복시키신다. 예배는 하나님의 사역을 위한 중요한 도구 중 하나이다. 예배는 우리의 이미지를 거룩하게 다시 만들고 소외감을 없애주는 하나님의 은사가 있는 활동이다. 그것은 영광스럽고 은혜롭고 그칠 줄 모르는 경이로움과 감사의 근원이다.

평화교회의 예배는 거기서 끝나지 않을 것이다. 성경 전체를 통해 볼 때 하나님께서는 단순히 하나님의 용서를 받아들이는 사람들만을 기뻐하지 않으신다. 하나님께서는 그들의 행동도 다른 사람들을 향한 용서의 삶이기를 바라신다. 하나님의 관심은 단순히 사람들이 하나님과 화해하는 것 뿐 아니라 다른 사람들과도 화해하는 데 있다. 바울은 이것을 아주 효과적으로 말했다. "그러므로 그리스도께서 하나님의 영광을 드러내시려고 여러분을 받아들이신 것과 같이, 여러분도 서로 받아들이십시오."롬 15:7 바울의 이러한 명령에 대해 미로슬라프 볼프는 다음과 같은 논평을 하였다. "이것은 우리의 행동이 다른 사람들에 대한 본이 될 수 있도록 거룩한 행동양식을 만들어야 한다는 것을 의미한다."19 이러한 비전에 의하면 하나님의 화해와 용서의 사랑을 체험하고 축하하는 모든 교회는 '평화교회'라고 불린다. 평화교회는 이러한 화해의 사역을 자기 혼자서만 실천하지 않고 다른 사람들에게도 전하기 위하여 부름 받았다. 바로 이것이 초대교회 그리스도인들이 "사랑의 입맞춤"^{벧전 5:14} 의식을 발전시킨 이유이다. 그것은 예배 가운데 하나님의 평화를 축하하고 사람들의 깨어진 관계를 회복시키는 수단이었다.[20] 예수님은 제자들에게 원망 들을 만한 일이 있는 형제들과 화해하는 것이 얼마나 중요한지, 그것은 예물을 드리는 것보다도 더 중요하다고 말씀하셨다.^{마 5:23} 평화교회는 항상 이렇게 질문할 것이다. "우리는 하나님께서 예배 중에 하나님께는 물론 다른 형제자매들과도 화해하고, 우리에게 이 세상의 화해의 대사라는 직분을 주셨음을 믿고 받아들이는가?"

7. 하나님은 우리를 먹이시고, 함께 삶을 나누게 하시고 비폭력적 사람이 되게 하신다.

성찬은 평화교회 삶의 핵심이다. 예수께서 제자들을 만나신 가장 특징적인 장소는 주의 만찬 자리였다. 오늘도 우리는 식탁에서 떡과 포도주를 나눠 주시고 자신의 임재를 드러내신 그리스도를 만난다. 주님의 식탁에서는 우리 모두가 평등하다. 우리 모두는 죄를 범하였으며 그래서 하나님의 영광에 못 미치는 처지에 놓였다.^{롬 3:23} 그리스도께서는 우리에게 영원한 음식과 음료를 같은 분량으로 나눠 주셨다. 그러므로 성찬은 복음의 근본적인 평등을 표현한 것이다. 그것은 또한 복음이 비폭력적임을 표현한 것이기도

하다. 예수께서는 제자들에게 다음과 같이 말씀 하셨다.

나를 기념하라. 너희를 위한 나의 희생을 기억하라. 원수 대하
는 법을 기억하라. 나의 가르침을 기억하라.

주의 만찬 의식은 우리로 하여금 예수께서 새롭게 하신 일들
을 잊지 않게 하기 위함이다. 예수님은 마지막 희생양이었다. 예수
님 후로는 더 이상의 폭력은 필요치 않다.[21] 평화교회는 우리를 위
해 평화를 만드시는 주님과 함께 화목하기 위한 여러 방법으로써
주의 만찬 음식을 사용할 것이다.

8. 하나님은 우리의 비전과 선교를 구체화하신다

스티브 피나모아Steve Finamore는 예배와 선교의 생명주기에 대
해 다음과 같은 제안을 했다.[22]

1 우리는 예배를 위해 모일 때 생활 전선에서 겪는 가장 작은 일 하
   나라도 보고해야 한다. 우리는 세상에서 하나님 나라에 참여함
   으로써 얻는 경험, 상처, 갈망이 있다. 우리는 폭력에 대해 생각
   하고 심한 고통을 느끼며 깨진 관계로 인한 상처를 입는다.

2 우리는 "영원한 언약의 피를 흘려서 양들의 위대한 목자가 되신 우리 주 예수를 죽은 사람들 가운데서 이끌어내신 평화의 하나님이"히 13:20을 예배 중에 만난다. 우리는 하나님에 대한 이야기를 하고 그 자체를 축하한다. 우리는 하나님의 방법들을 배우고 그것을 풍성한 삶에 이르는 통로로 바라본다. 우리는 하나님을 찬양하고 감사하며 중보기도한다. 이와 같이 예배는 여과기능을 한다. 우리를 정화시키고, 우리의 비전을 선명하게 한다. 우리에게 능력을 부여한다. 우리의 믿음을 회복시키고, 세상을 향한 하나님의 은혜와 비전으로 우리를 다시 감화시킨다.

3 이러한 예배의 역할이 우리로 하여금 선교할 수 있게 더욱 준비시킨다. 우리가 평화의 하나님을 만남으로써 새로운 비전을 가졌기에, 우리는 소망과 비전, 영적 에너지를 갖고 세상 속으로 되돌아간다. 우리는 이 세상의 어두운 세력들과 공중의 권세 잡은 자들에 대항해서 싸우게 될 것이다. 그러나 우리는 하나님께서 역사하시고, 그의 백성들을 부르셔서 신실하게 나아오게 하시며, 난처한 상황에서도 새 길을 열어 주심을 발견할 것이다. 우리는 손해를 입겠지만, 평화의 하나님은 우리 안에 계실 것이다. 우리가 해야 할 일이 너무 많기에 우리는 실패도 할 것이다.

그렇기 때문에 우리는 더욱 하나님의 은혜의 이야기를 듣고 우리의 깨어진 관계와 상처의 회복을 위해 예배하러 되돌아올 것이다. 그리고 그러한 주기는 계속될 것이다. 예배의 주기는 평화교회를 위해 꼭 필요한 것이다. 주기적 예배는 우리를 치유하고 활력을 넣어주며 계속해서 정진하게 한다. 그것은 새로운 피조물의 소용돌이 가운데에서의 우리 삶을 하나님의 사랑과 하나님의 세상으로 연결시킨다. 그러므로 예배는 세상으로부터 격리된 장소가 아닌 무엇이든지 될 수 있다. 그것은 평화교회 대외정책의 심장heart과 정신soul이다.

평화를 위한 기도

아나뱁티스트재세례신앙 교회는 "하나님 나라의 확장과 평화의 중요성을 인식하며 평화의 복음이 교회 내외부적으로 어떻게 적용되는지 찾아나서야 할 것이다. 그것은 화해, 민족 정의racial justice, 환경보호, 비폭력적 저항, 그리고 갈등 중재 등을 기본으로 하는 실제 노력과 활동을 말한다."[23]

하나님 나라에서 평화는 논쟁 대상이 아니다. 바울은 "하나님 나라는 먹고 마시는 것이 아니라 오직 성령 안에서 의justice와 평화peace와 기쁨joy이라"롬 14:17고 했다. 그렇다면 평화는 우리의 삶, 교회의 예배, 기도에서 얼마나 중요한 역할을 하는가? 이 질문에 대해 사람들은 종종 아무런 반응을 하지 않거나, 잘 이해를 못 하거나, 또는 평화가 별로 중요하지 않다고 질문 자체를 거부하기도 한다. 그렇지만 어떤 교회는 성경의 평화를 분명히 '복음의 심장'으로 받아들인다.

나는 그런 교회를 영국의 한 지방에서 본 적이 있다. 그 교회에 들어서는 순간부터 교회의 사역이 전 세계에 걸쳐 다양하게 전개되고 있음을 알았다. 우선 아프리카에서 아시아에 이르는 그리스도인들의 구제 사역에 대한 포스터가 나의 관심을 끌었다. 천지 창조에 관한 아이들의 그림 작품도 있었다. 교회 게시판은 구호물자를 전달하기 위해 동유럽 국가들을 방문해서 찍은 사진들과 도시 빈민가의 아이들을 위한 청소년 캠프, 그리고 다른 여러 나라에 나가 있는 자원봉사자들과 해외 선교사들을 지원하는 간단한 메모들로 가득 차 있었다. 그 작은 교회는 하나님께서 다양한 방법으로 모든 창조물과 인간에게 주신 평화의 사역을 교회의 벽과 게시판을 통해 생생하게 다루고 있었다.

많은 교회들의 게시판에는 사람들의 관심을 끄는 교회활동에 대한 일반적인 소개나 광고가 실려 있다. 주일예배의 기도 내용에 그런 관심과 헌신의 내용이 포함되는 것은 자연스러운 일이다. 그러나 항상 그렇지만은 않다. 어느 교회에 갔더니 주일 아침예배 시간에는 중보기도 시간이 없었다. 사람들은 "월요일 밤에 그런^{중보} 기도를 위해서 따로 모이는 특별한 그룹이 있다"고 했다. 그 교회 사람들에게는 주일아침 예배가 주로 찬양과 설교, 교육을 위한 시간이었다. 나는 중보기도를 통해서 우리가 하나님의 심장박동 소리를 들을 수 있고 하나님의 평화 사역에 다방면으로 참여할 수 있기 때문에 중보기도는 연합 예배시간에 꼭 필요하다고 믿는다.

> 그러므로 나는 무엇보다도 먼저, 모든 사람을 위해서 하나님께 간구와 기도와 중보 기도와 감사 기도를 드리라고 그대에게 권합니다. 왕들과 높은 지위에 있는 모든 사람을 위해서도 기도하십시오. 그것은 우리가 경건하고 품위 있게, 조용하고 평화로운 생활을 하기 위함입니다. 딤전 2:1-2

이 땅에서의 천국?

예수께서는 주기도문의 한 부분을 통해 이를 아주 간략히 말씀하셨다. "그 나라를 오게 하여 주시며, 그 뜻을 하늘에서 이루심같이, 땅에서도 이루어 주십시오." 마6:10 하나님께서는 평화를 갈망하신다. 하나님은 모든 피조물과 인간이 평화를 누리길 원하신다. 예수께서는 하나님이 갈망하시는 화해와 회복을 위한 평화 사역에 우리가 동참하기를 원하신다. 예수께서는 우리에게 하나님의 뜻에 의해 이뤄지는 하나님 나라의 평화가 어떤 모습일 것이라는 힌트를 주셨다. 예수께서는 우리가 기도할 때 하나님의 공의가 다스리는 평화로운 하늘나라에서 하는 것처럼 이 땅에서도 그렇게 기도해야 한다고 말씀하셨다.

"뜻을 하늘에서 이루심 같이, 땅에서도…"라는 말은 무슨 의미인가? 나는 예수께서 이것을 예배와도 관련시켜 말씀하신 것이라고 생각한다. 이 땅에서의 우리의 예배가 하늘나라와 같은 모습이 되어야 하지 않겠는가? 많은 교회는 실제로 예배가 문자 그대로 하늘보좌에서 드리는 축제에 동참하는 것이라는 사실을 좋게 받아들인다. 기쁨이 충만한 사람들은 하나님의 뜻과 통치가 가득 찬 하늘나라에 '이미' 있게 된다. 그리스도는 영광의 보좌에 앉아 계신다. 그리스도를 보좌 가운데 모신 우리는 그분을 영화롭게 하기 위해 하늘나라의 많은 성자와 천사들의 예배에 참여한다. 카리스마적인 교회든 정통파 교회든, 그리스도인들은 이 땅과 하늘나라가 연합된 관점에서의 예배에 함께 참여한다. 그러나 우리는 주일예배 장소를 위해 시내의 한 건물을 빌려야만 하는, 여전히 이 땅에 속한 사람들이다. 이 두 가지 관점이 다 옳다. 우리의 예배는 한 번에 두 대의 시간 비행기를 타고 여행하는 것과 같다. 하늘 보좌에서의 예배를 '이미' 느끼면서도 현실 세계에서의 예배를 '아직도' 드리고 있는 것이다.

우리는 스스로 모든 것에 대한 해답을 갖고 있지 않다. 때로는 서로 다른 점을 발견하기도 하고, 잘 세운 계획을 실행에 옮기지도 못하며, 우리가 부르는 노래가 그리 훌륭하지 않다는 것도 잘 알고 있다. 그럼에도 불구하고 우리는 예배할 때 하나님의 임재를 느끼며 하늘나라의 모든 가족들도 함께 참여한다는 것을 안다. 우리는 찬양하고 경배하며 기도한다! 뜻을 하늘에서 이루심 같이, 땅에서도 이루어 주십시오. 예수께서는 이미 우리 가운데 임하신 하나님의 통치와 아직 이루어지지 않은 다가올 미래의 하늘나라의 현실을 연결하도록 우리를 도우시며, 우리의 입술이 그러한 '주의 기도'를 매주 반복할 수 있게 가르쳐 주셨다.

예수께서 가르쳐 주신 기도는 우리가 하나님 나라의 특징인 평화peace, 정의justice, 기쁨joy을 갈망하게 도와준다. 우리가 그렇게 큰 기도를 하는 것에 대하여 스스로 위선적이라고 느끼거나, 미안해 할 필요는 없다. 우리는 하나님의 비전이 현실로 이루어지기를 기도한다. 우리는 모든 창조물들이 치유받고, 회복되며, 용서 받고, 추수하며, 원수들은 화해하고, 집들이 건축되며, 눈물은 그치고, 잔치를 베푸는 그런 꿈을 노래한다.

현대를 사는 우리가 예배 아닌 다른 어느 곳에서 하늘나라의 모습을 어렴풋이나마 찾을 수 있겠는가? 사람들이 이 땅 다른 어디에서 정의와 평화, 기쁨에 대한 간절한 꿈을 꾸고 노래하겠는가? 다가올 하나님 나라를 사모하는 이 간절한 기도를 들어보라.

우리는 아직 존재하지 않지만 '이 세상이 하늘나라' 같기를 갈망하는 하나님의 눈물로 노래한다. 우리는 예배 중에 평화에 대한 상상을 한다. 우리는 기도를 통해 완전히 침묵하고 화해를 방해하는 모든 인간제도의 변혁을 위해 소리친다. 우리는 쫓겨나고 떠도는 사람들을 대신하여 하나님께 울며 간청한다. 우리는 예배 중에 더욱 호주머니를 비우고 약자 편에 서며, 갇힌 자들을 돌보기 위해 우리의 일정을 재조정한다. 우리는 깨끗한 수자원을 보호하고 황량해진 도시에 꽃이 필 것을 기대하는 식목植木 행사를 계획한다.

우리는 이렇게 하고 있는가? 우리가 드리는 예배 모습은 과연 이런 것인가? 우리가 드리는 주일예배 시간의 기도는 과연 이러한 내용을 반영하는가? 나는 주기도문이 그런 우리들 마음의 정서와 꿈, 열정을 확실히 가져온다고 생각한다. 그것은 하나님 나라의 표시signs를 드러내는 우리들로 하여금 의지적 결단과 신중한 행동을 하게 한다.

하나님 나라를 반짝이게 하는 것들

나의 한 친구는 이 세상에서 볼 수 있는 하늘나라의 표시들signs을 하나님 나라의 '반짝이'라고 불렀다. 여기서 '반짝이'란 이 세상에서 하나님 나라의 가치와 뜻을 찬란히 빛내는 모든 것을 말한다. 표시 자체가 하나님 나라를 직접적으로 뜻하는 것은 아니지만 '반짝이'는 하나님 나라의 모습을 비춰주는 가시적인 표식markers이다. '반짝이'는 하나님 나라를 위해 예고하는 것들이다.

또 한 친구는 자기 사업을 하면서 항상 하나님 나라를 반짝이게 하는 것들을 찾고자 노력하고 있다. 그 친구는 누구든지 보는 사람마다 말하기를, "저 사람 좀 보세요! 하나님께서 저분과 함께 있어요. 하나님께서 바로 여기에 계셔요." 그것은 버스 안에서 무릎 위의 어린 손녀를 재우는 사랑스런 할머니의 모습일 수도 있다. 그것은 길 거리에 서서 쌍무지개를 가리키는 사람 일 수 있다. 그것은 주방에서 팔꿈치를 걷어 부치고 비누 거품을 묻혀가며 일하는 자원봉사자의 모습일 수 있다. 그것은 피부색과 문화가 다른 젊은이들이 함께 모여 즐거운 저녁 식사를 하는 모습일 수 있다. 그것은 그리스도인들이 하나님의 말씀을 듣기 위해 기다리는 예배 시간의 침묵일 수 있다. 그것은 기쁨의 찬양 가운데 세례받을 때의 첨벙하고 '튀기는 물소리' 일 수 있다. 그것은 정치적 입장을 달리하는 원수怨讐가 기꺼이 만나 서로 이야기하는 뉴스의 한 장면일 수 있다. 그것은 동네 공원에서 열두 그루의 나무에 페인트 칠을 하는 어린 소년의 모습일 수 있다. "저기를 한 번 보세요. 하나님께서 일하고 계십니다. 하나님께서 여기 계신다고요!"

하나님 나라를 드러내는 '반짝이'는 우리 주변 어디든지 있다. 당신은 종종 그런 것들을 목격하는가? 우리는 그러한 사실을 직관하고 감사하며 담대한 마음으로 서로에게 위로와 감동을 주는 예배를 드리는가? 평화를 위한 기도는 우리가 예배시간에 드리는 가장 큰 기도이다. 이로 인해 우리는 새로운 창조물을 향한 하나님의 심장박동 소리를 들을 수 있다. 전체 기도를 인도할 때는 "한 손엔 성경, 한 손엔 신문을……" 이라고 말한 어느 신학자의 말을 기억할 필요가 있다. 우리의 기도는 신구약 성경 전체에 기초한다. 우리는 그 위에 '정의와 평화'라는 아주 특별한 연료를 추가한다. 성령께서는 우리가 기도하는 우리 자신, 교회, 세상을 위하여 기도의 불을 지피실 것이다.

다음은 우리가 예배 중에 평화를 위해 무엇을 할 수 있는지 구체적으로 간추린 것이다.

- 교회가 평화를 위해 할 일을 세밀하게 가르치고 설교한다.
- 매년 평화 주일을 기념한다.
- 평화를 주제로 한 주말 프로그램을 계획한다.
- 항상 인종 간의 정의를 위해 기도하는 것을 잊지 말고, 지역에서 발생하는 일들에 대해 긍정적인 해결 방법을 찾고자 노력한다.
- 평화를 위한 전체 기도가 매주 계속될 수 있게 한다.
- 국가의 적을 위해서 기도한다. 사람들이 어떻게 자신의 원수를 사랑하고, 축복하며, 그들을 위해서 기도할 수 있는지를 배우도록 돕는다.
- 하나님의 용서와 개인적 평화, 공동체와 각 나라들이 전세계적으로 평화를 갈망하고, 이를 위해 그리스도인들의 전체 기도가 중단되지 않게 한다.
- 당신의 기도가 필요한 구체적인 갈등지역의 사람들에 대한 자세한 정보를 찾는다.
- 평화를 위해 중재 사역을 하는 그리스도인들의 이름을 부르고

당신이 그들을 위해 기도하고 있다는 사실을 말해준다.

• 하나님 나라의 '반짝이'들과 관련해서 중보기도가 끊이지 않게
한다.

• 평화와 정의를 주제로 한 노래를 소개한다.

• 교회 전체 프로젝트로서 평화를 담은 성구聖句를 암송하고 예배
시간에 주기적으로 반복한다.

• 아이들이 평화에 관한 포스터나 벽화를 그릴 수 있게 도와준다.

• 이민자, 난민, 기타 도움이 필요한 사람들을 돕는 '비기독교인'
을 위해서도 기도하고 그들의 활동에 대해서도 이야기한다.

• 환경보호, 공동체 회복을 주장하는 지역 사람들의 이름을 부르
고 기도한다.

• 주의 만찬에 참여할 때는 서로 용서하고 화해하는 사람들이라
는 사실을 잊지 않는다. '평화의 인사' 란 바로 그것을 의미하
는 것이다.

제4장_교회의 대외정책2 : 일, 전쟁, 증거

평화교회는 가능하다! 비록 그리스도인들이 평화에 대해 회의적이라 할지라도, 그것은 우리 교회의 핵심 목적이다. 우리는 은혜에 열정적으로 헌신한다. 그러나 우리가 만일 성경적으로 우선순위를 둔다면 평화에도 또한 열정적으로 헌신해야 할 것이다. 신약 성경의 기록자들은 서신서를 시작하면서 '은혜와 평화'라는 두 단어를 짝을 지어 습관적으로 사용했다.롬 1:7 고전 1:3 등 우리가 교회에서 신약성경 기록자들과 같이 이 한 쌍의 단어들을 재발견할 때에 무슨 일이 일어날까? 그것은 우리의 신학과 사고방식을 바꾸게 할 것이다. 그것은 우리 교회의 일상생활과 우리의 내부정책domestic policy, 즉 교회 안의 생활을 깊이 있고 풍성하게 할 것이다. 평화를 재발견함은 우리 교회의 대외정책을 바꾸게 한다. 우리의 예배는 실제적이고 깊어질 것이며, 우리가 다루어야 할 일, 전쟁, 증거 witness에 대한 접근도 더욱 창조적이고 희망으로 가득찰 것이다.

일터에서 평화를 만드는 사람

우리 대부분은 급여를 받는 고용인이든 아니면 가정에서 아이들을 돌보는 사람이든, 다른 사람들의 유익을 위해 우리의 창조성과 기술, 땀을 투자하고 일할 수 있는 기회를 갖고 있다. 우리 교회가 평화교회가 될 때, 우리는 일터에서도 우리의 삶을 내어주는 어떤 새로운 사실을 발견하게 될 것이다.

1. 우리는 평화를 만드는 습관과 태도, 기술을 갖고 있다

이 책의 두 번째 장에서 평화교회 그리스도인들의 특징인 '사랑으로 솔직히 이야기 하는 이중 비전double vision'24을 실천하기 위해 마태복음 18장15절 이하의 갈등해결에 대한 가르침을 배워야 한다는 것을 언급하였다.25 그런 사람들은 자기들이 용서받은 죄인이라는 것을 알기 때문에 겸손하다. 그들은 하나님께서 평화를 위해 갈등을 사용하심을 믿기 때문에 갈등 자체를 두려워하지 않는다. 그들은 잘 말하고, 잘 듣고, 잘 진전시키려고 한다. 잘 듣는 사람은 방해하지도 경쟁을 일삼지도 않는다. 그들은 정말 자신들뿐 아니라 타인의 눈을 통해 보는 것이 중요하다고 믿는다. 이러한 습관, 태도, 기술은 세상을 살아가는 데 있어 너무나도 중요하다. 그것은 평화를 이루는 삶에 기여한다. 나는는 여러 직종에서 평화의 사역을 했던 그리스도인들의 실례를 모으기 시작했다. 최근에 요크셔^{Yokrshore}에 사는 어느 인터넷 컨설턴트가 내게 다음과 같은 편지를 보내왔다.

> "나는 사람들의 대화를 돕거나 중재 역할을 할 때 사실 평화를 묵상하고 인간관계의 개선을 위해 내가 사람들을 격려하고 있다는 사실을 알게 되었습니다. 하나님께서는 나의 직업뿐 아니라 별로 건전하지 않은 나의 사업 모임에도 관심을 갖고 계셨으며, 거기에서도 하나님 나라의 가치를 실현하기를 원하셨습니다."

2. 우리는 일터에서도 평화를 만드는 일을 상상한다

그 결과 우리는 새로운 가능성들이 마음에서부터 솟아 오르는 것을 경험한다. 평화교회의 그리스도인들은 새로운 생각을 한다. 그들은 가만히 앉아서 습관적으로 아무것도 하지 않는 사람들이 아니다. 그들은 하나님께서 회의실뿐 아니라 아이들을 돌보는 놀이방에서도 역사하심을 믿고, 평화의 사역을 하시기 때문에 뭐든지 변화시키실 수 있다는 것을 믿는다. 그러므로 평화를 만드는 일을 상상하는 것은 일 자체를 변화시키고 새로운 가능성을 불러 일으키며, 우리를 감화시켜 미덥지 않은 새로운 것들을 시도할 수 있게 한다.

평화교회가 이러한 일이 어떻게 일어났는지를 사람들에게 알리는 것은 매우 중요하다. 최근 워싱턴 D.C.의 법원judiciary광장에는 평화교회의 조각가들이 3,000정 이상의 사용하지 않는 권총을 이용해서칼을 쳐서 보습을 만든 유명한 조형물이 있다. 또 정의는 관계 회복을 수반해야 한다고 믿은 두 명의 메노나이트 보호관찰관들은 자신들의 직무를 통해 회복적 사법정의Restorative Justice 26관점에서 사법적 행동에서의 실천이라는 아주 큰 변화를 가져왔다.27 1990년대 초 남아프리카는 천 여 명의 사람들에게 '정의·화해 프로젝트'라는 중재와 평화를 만드는 기술을 훈련시킨 프로그램을 수행한 적이 있다.28 북아일랜드 그리스도인들의 시위 행렬이나 학교에서 중재를 맡은 학생들의 조용한 노력 같은 것은 세상에 잘 알려지지 않은 이야기들이다. 그러나 이렇게 평화를 위해 주도적인 일들을 하는 사람들은 평화교회의 비전을 일터에서 쉽게 이룰 수 있다고 결코 말하지 않는다. 그런데도 거기에는 새로운 희망과 가능성이 있다.

3. 평화에 대한 상상은 우리의 직업을 바꾸기도 한다

우리는 때때로 평화교회에서 배우는 습관, 태도, 기술로 인해 일터에서 곤란을 겪게 되는 경우를 발견한다. 우리의 사장이나 직장 동료는 우리가 직장에서 실천하고자 하는 평화 사역을 때때로 거부한다. 그리고 우리는 곧 우리의 직업이 평화의 하나님을 예배하는 데 부적당하다는 것을 놀라울 정도로 분명하게 깨닫는다. 어떠한 이유에서든지 간에 평화교회의 교인들은 새로운 직업을 얻기 위해 스스로를 다시 추스려야 함을 발견한다.

내가 아는 데이브Dave라는 친구는 수 년 동안 방위산업체 기술자로 있다가 나중에 브래드포드 대학교Bradford University의 평화학 석사과정에 등록했다. 그는 그리스도인의 여정에 오른 사람이다. 그는 한 때 다차우Dachau에 있는 나치포로수용소를 방문하면서 마음이 강하게 뭉클해짐을 느꼈다. 그는 유고슬라비아가 처한 위기에 대해 깊은 관심은 있었으나 자신이 아무것도 할 수 없음을 발견하고 통감했다. 그러나 그는 하나님께서 이사야 58:6-9을 통해 새로운 삶의 비전으로 초대하시는 음성을 들었다. 그는 자신에게 갈등해결의 희망을 안겨준 평화교회 교인들이 갈등해결의 영역에서 또 다른 새로운 일을 하고 있음을 보았다. 데이브의 전향은 방위산업체에게는 손실이었지만, 지금은 자신이 정말 옳다고 믿었던 중재자가 되는 길을 가고 있다. 그의 삶은 평화의 하나님께서 우리의 삶 가운데에서 역사하실 때에 무슨 일이 일어나는가를 보여준 한 실례가 되었다. 이와 같이 평화의 사역을 생각하면 우리의 직업이 바뀔 수도 있다.

전쟁과 폭력

평화교회라고 해서 모든 교인이 평화주의자인 것은 아니다. 평화교회 안에서도 평화주의자들은 일부일 수 있다. 그렇지만 대부분의 메노나이트 교인들은 실제로 평화주의자들이다. 평화교회는 교인들이 평화주의를 말하거나 또는 교회의 중심 된 입장이 그렇기 때문에 채택되는 것도 아니다. 평화교회라는 성명서를 낸다고 해서 평화교회가 되는 것은 더욱 아니다! 평화교회는 사람들이 평화의 복음에 진실되게 헌신하고, 평화를 문제로 삼는 것을 배우며 교회에서 하나님의 평화의 삶을 함께 나누고 다른 모든 삶의 영역에서도 할 수 있는 최선을 다하고 이를 실천하기 위해 노력할 때만 가능하다.

이것은 전쟁과 폭력이 난무하는 세상에서도 적용되는 말이다. 각 나라의 상황에 따라 다르지만 대부분의 사람들은 전쟁에 직간접적으로 관여하고 있다. 그리고 우리는 여전히 폭력에 둘러싸여 있다. 특히 도시에 사는 사람일수록 더욱 그렇다. 싸움과 강도행각은 이미 세상의 일반사가 되어버렸다. 우리가 어떻게 폭력에 맞설 수 있겠는가? 평화교회에서도 모든 사람이 어떠한 상황이 발생하더라도 타인에게 결코 심리적 또는 육체적인 해를 가하지 않을 것이라고 동의하지 않을지도 모른다. 어떤 사람은 상황이 긴박하고 위급할 때 폭력사용이 불가피하다고도 생각한다.^{정당한 전쟁} 그러나 평화교회에서는 모든 사람들이 동의하기를 교회가 평화를 말해야 하고, 평화를 생각해야 하며, 평화를 위해 일하고, 평화를 전하고, 평화를 만드는 제자훈련과 태도를 배워야 한다고 말한다.

1. 성경에 조명하기!

성경을 해석하는데 있어서 우리가 어떤 전제 조건을 내세우느냐에 따라 그 의미는 크게 차이 날 수 있다. 우리가 만일 복음이 평화의 복음^{gospel of peace}이고, 또 우리가 그렇게 성경을 읽은 결과로 위험을 무릅쓰기 시작한다면 놀라운 발견을 하게 될 것이다. 복음이 십자가 사건과, 세리, 열심당원, 그리고 군인들이 참고할 수 있는 문헌들로 가득 차 있다는 것은 우연한 일이 아니다. 하나님께서는 예수를 로마 군대의 압제와 반로마 운동이 벌어지고 있던 시대적 상황에 보내셨다. 예수의 가르침과 행동은 오늘날의 폭력에 대한 대안적 방법을 말해 주는 굉장한 통찰이었다. 월터 윙크는 마태복음 5:38-42 의 말씀을 다음과 같이 말하였다. 원수를 사랑하는 방법은 '무저항'이 아닌 사랑과 놀라움, 그리고 상상 가능한 방법으로 '비폭력적 참여'를 통해 이루어진다고 하였다.[29] 그것은 때때로 유머감각을 이용하여 상대로 하여금 상처받지 않고 마음을 바꾸게 하는 상황이기도 하다. 평화교회의 관점에서 볼 때 이러한 문제의 단락은 롬13:1-6도 마찬가지 우리에게 새로운 해결책을 제시한다. 이러한 구절들은 '신약성경이 세계사의 평원 위에 가장 많은 영향을 준 한 부분'일 것이다.[30] 왜냐하면, 권세자들과 교회 지도자들은 이 말씀을 인용해서 그리스도인들이 전쟁에 나가 싸우는 순종하는 시민이 되기를 강요했기 때문이다. 그러나 바울은 로마의 그리스도인들에게 국가의 요구대로 싸우라고 말하지 않았다. 그 보다는 오히려 이에 반증이라도 하듯 하나님께서 선을 이루기 위해서 압제적인 로마제국마저도 사용하실 수 있음을 믿으라고 말하고 있다.[31]

우리 교회가 평화교회가 될 때에 우리는 종종 평범한 경건에 도전하고 거룩한 계시를 나타내는 성경의 권위 있는 음성을 기대할 수 있다.

2. 폭력사용과 훈련에 대한 경고

"만일 누가 나를 공격하면 어떻게 대응해야 하는가?"라는 질문은 그리스도인들이 평화의 사역을 이해하는 데 도움이 된다. 이렇게 끊임없이 반복되는 반反평화주의적 질문은 그 자체로도 중요하다. 평화교회는 어떻게 폭력에 대응해야 하는지를 생각할 수 있는 자연스런 장소이다.[32] 평화교회 그리스도인들은 도시에서 발행하는 폭력에 대응하는 대안적 방법을 개발할 수 있다. 그들은 훈련과 역할극을 통해서 창조적이고 비폭력적 저항의 형태를 배울 수 있다.[33] 그들은 그리스도인들이 폭력에 어떻게 대응해야 할 지에 관하여, 인습에 얽매이지 않으면서 지금까지 쌓아온 자신들의 지혜로운 경험을 말할 수 있다.

우리 교인들은 어떤 폭력을 경험했는가? 그들은 어떠한 기술이 유용하다고 발견했는가? 그리고 어떻게 반응하였는가? 갈등해결을 위한 기도의 역할은 무엇인가? 북미의 메노나이트 교회는 이와 관련된 몇몇 이야기를 출판하였다. 영국, 북아일랜드, 한국 등에서도 이러한 것에 필적할 만한 이야기가 필요하지 않은가?[34]

3. 평상시에 전쟁에 대해 생각하기

교회는 전통적으로 현충일 주일 말고는 전쟁에 대해 별로 이 야기하지 않는 것 같다. 전쟁에 대해 말하는 것은 많은 교인들을 고통스럽게 한다. 전쟁으로 인해 가족과 친구를 잃고 자신도 전쟁 의 후유증에 계속 시달리고 있는 사람들도 있을 것이다. 결국 그리 스도인들이 전쟁을 거론하기 시작할 때는 선전포고가 막 내려질 때이다. 그때 사람들의 반응은 일반적으로 정부와 일치한다, "다 른 대안이 없어요!" 그리고 다른 사람들이 행동하는 것처럼 곧 자 신들도 그렇게 행동해야 한다고 생각한다. '정당한 전쟁'just war이 라고 믿었던 영국의 그리스도인들은 광범위한 가정을 했다. 그러 나 정당한 전쟁은 국가의 전쟁이 정당하다고 자신 있게 확신시켜 주지는 않는다. 정당한 전쟁은 결정의 수단이다! 각 경우마다 전쟁 을 수행하는 것이 정당한지 아닌지에 대해 전쟁 수행을 조심스럽 게 인정하기 위해 개발된 판단의 기준인 것이다. 부당한 방법으로 싸우지 않고서 어떻게 전쟁을 일으키겠다는 것인가?[35]

이것을 이해하기 위해서는 많은 교육이 필요하다. 전쟁이 정 당한지 아닌지를 그리스도인들이 어떻게 판단할 수 있을까? 그런

데 교회는 교인들에게 이러한 결정에 도움이 되는 훈련을 시키지 못한 것이 사실이다. 평화교회 교인들 역시 이러한 평화주의가 지켜야 할 규범을 어쩌면 불필요한 일이라고 말할지 모른다. 그렇지 않고 평화 문제를 적극적으로 제기하는 교회라면 정당한 전쟁의 기준정당한 이유, 정당한 의도, 최후의 수단, 차별, 비전투 지역 배제, 균형 등이 무엇을 뜻하는 지를 교인들에게 반드시 가르쳐야 한다. 우리가 속한 국가의 지도자들이 다른 나라에 폭탄 투하를 결정할 때에, 교회 지도자들은 이러한 시사적 사건이 정당하지 않다는 관점을 가르쳐야 한다. 내가 아는 어느 교회의 목사는 1998년에 미국이 수단과 아프가니스탄을 폭격한 후에 실물 모형의 크루즈 미사일을 교회에 가져온 적이 있다. 그는 아이들이 모인 곳에서 이렇게 말하였다. "빌 클린턴Bill Clinton이 취한 행동은 과연 정당했습니까?" 아이들과 부모들에게 정당한 전쟁의 기준을 가르쳤지만, 참석자들은 아무도 졸지 않았다!

4. 국제적 정치상황을 달리 보는 관점 개발하기

여러분이 어떤 사람의 의견에 동의하지 않더라도 잘 듣고자 하는 반사적인 행동을 개발할 때도 대부분의 논쟁은 양쪽으로 갈라짐을 쉽게 알 수 있다. 그리고 그것은 상대편을 죽인다는 생각에 대해서는 더욱더 어렵게 만든다. 그렇기 때문에 평화교회에서는 욕설이나 고정관념을 받아들이지 않는다. 그것들은 교회 공동체의 기본 가치에 어긋난다. 평화교회는 정의의 편에 설 것이다. 그러나 우리는 정의가 폭력적인 해결을 보장한다고 생각하지 않는다. 정의는 재빠른 군사적 행동에 의해서가 아니라 올바른 인간적·경제적 관계 형성에 의해서 이루어진다.

데닐로Danilo는 한 마을에서 유일하게 세르비아 가정에서 자란 지금은 중년이 된 그리스도인이다. 그의 아버지는 제2차 세계대전 초반에 독일군의 폭탄에 맞아 돌아가셨다. 데닐로의 어머니는 그와 동생을 데리고 먹을 것을 찾아 헤매는 난민이 되었다. 1991년 유고슬라비아에서 세르비아와 크로아티아의 관계가 깨져 내전이 발발했을 때, 데닐로가 즉각적으로 취한 행동은, 상대방을 두려워하기보다는, 무고하게 고난받는 사람들을 위하여 유고슬라비아 자선단체에서 운영하는 '생명의 떡'이라는 프로그램에 자원봉사를 한 것이다. 코소보의 위기 사태 당시 세르비아 방송이 조종하는 메시지를 들은 데닐로는 다음과 같이 말하였다.

"방송이 여러분의 생각을 지배하게 놔두지 마십시오. 그보다는 여러분이 코소보에 있는 알바니아인의 어머니라고 가정했을 때 여러분의 감정이 어떨지를 상상해 보십시오…… 상대가 우리에게 어떻게 했는지에 대해서 분노하지 마십시오. 그보다는 오히려 선한 사마리아인눅10장이 어떻게 구체적으로 강도 만난 이웃을 도왔는지를 기억하십시오."

데닐로는 조국의 원수들에게 어떻게 다가가야 하는지를 말해준 신약성경 말씀을 잘 실천한 세르비아인이었다.36 이는 보통 우리가 뉴스에서 보는 그런 세르비아인의 모습이 아니었다. 이러한 그의 동정과 이중 비전double vision의 실천은 영국에 있는 대부분의 그리스도인들을 부끄럽게 하였다. 우리도 데닐로처럼, 전쟁과 원수에 대해서 자발적이고 동정심 있는 마음으로 생각하고 배운다면 우리는 이미 평화교회로의 여정에 합류한 것이다.

5. 평화를 위한 행동

평화교회의 삶은 전시戰時를 회피하는 수단이 아니다. 그것은 화해와 정의, 진리의 사역이다. 세상이 별 관심을 주지 않는 현실적 사안에 주의를 기울이는 것이다.예: 서구 그리스도인들이 중동에 있는 많은 아랍 그리스도인들을 학대한 사건 그것은 또한 회개와 희망을 과감하게 심어주는 행동이다. 십자군 전쟁을 사과하기 위해서 그리스도인들이 4년 넘게 1차 십자군들이 행군했던 길을 다시 밟은 '화해의 발걸음Reconciliation Walk' 역시 평화를 위한 행동의 좋은 예이다. 전쟁을 기억하는 미국의 그리스도인들 중에는 핵무기가 사라지지 않았음을 잊고 사는 세상에 각성을 촉구하는 사람들이 있다. 하나님께서는 우리에게 냉전 시대를 시간의 선물로 주신 것이며, 핵무기 폐기론자들의 주장처럼 지금이 전 세계적으로 핵무기 해제가 가능한 때임을 알리는 운동을 해야 한다.[37] 평화교회 그리스도인들은 이따금씩 선지자 예레미야처럼 하나님의 말씀을 극적으로 표현하기 위해서 공공연히 불편을 감수하고 체포될지도 모를 시위를 하는 경우가 있다. 이것은 극단적인 순간을 연출하자는 것이 아니라 가능한 모든 방법으로 평화의 하나님을 증거하자는 것 이다.

증거하는 교회

우리는 탈脫기독교post-Christendom 세계와 탈脫현대post-Modernism 의 시대를 살고 있다. 사람들이 교회에 모이는 것은 그 자체가 경력이 되고 자기 사업에 도움이 된다거나 다른 사람들을 의식하기 때문이 아니다. 오늘날의 기독교는 전에 없던 비판을 받는 실정이다. 교회사는 기독교 신앙이 원래 폭력적이었다는 것을 보여주었다. 우리는 폭력적인 시대로부터 인내와 사랑이 있는 시대로 훌륭하게 이동할 수 있는, 대안이 있는 새로운 시대를 살고 있다. 어쨌든 우리는 각자의 논점에 따라 다양한 선택을 할 수 있다. 왜 우리는 세상에서 그리스도인으로 살아야만 하는가?

내가 중요하게 생각하는 것은 실례實例이다. 문제는 평화교회가 대안적 메시지를 갖고 있는가? 또는 평화교회는 바른 말을 하고 있는가? 라는 질문이 아니다. 그보다는 그리스도인들로 하여금 실제로 설득력 있고 흥미로우며 희망으로 가득 찬 삶을 살게 하시는 하나님께서 그들 가운데 살아 계신가라는 질문이다. 탈기독교 세계, 탈현대의 시대를 살고 있는 그리스도인들의 증거는 자신들의 삶이 예수 그리스도를 통해 나타나신, 하나님께 경배하는 공동체적 삶의 방법과 결코 멀어질 수 없다는 것이다. 그러므로 우리가 무엇을 하며 어떻게 사느냐가 중요하다. 그 일平和事役이 의미가 있는가보다는 과연 그것이 효과가 있는가라는 것이 더 중요하다. 과연 그 일은 우리의 삶을 풍성하게 하고 새로운 가능성을 가져올 것인가?

평화교회가 다른 모든 교회들에 대하여 특별히 중요하게 생각하고 증거하는 것 네 가지는 다음과 같다.

1. 하나님의 선교적 품성

성경에 나타난 하나님께서는 선교의 마음을 지니신 분이시다. 사랑이 넘치는 하나님께서는 모든 창조물들이 온전케 되고 이전의 원수와 화해할 수 있게 하는 프로젝트를 갖고 계신다. 하나님께서는 고통받는 사람들과 함께하고 의롭고 평화로운 대안적 권위를 구체화시키고 가르칠 수 있도록 그의 아들 예수를 보내심으로써 이 일을 수행하셨다. 예수님은 아무도 강요하지 않았지만, 자신을 죽인 종교 지도자나 정치 지도자를 두렵게 하셨다. 하나님의 선교는 십자가 사건에 이르게 하셨다. 그러나 하나님께서는 당신의 아들을 부활을 통해 의롭게 여기셨고, 아들을 믿는 모든 사람들에게 성령을 부어 주심으로써요 20:21 당신께서 상처받기 쉽고, 진실하시며, 강압적이지 않은 사랑으로 아들을 보내신 것처럼, 예수님도 그를 따르는 제자들을 보낼 수 있도록 하셨다. 그 결과는 예수님의 방법을 시간과 공간의 제약없이 확장시킨 하나님 운동에 참여하는 사람들로 나타났다. 이 사람들이 평화교회다. 평화교회는 그 자신으로 끝나는 것이 아니라 화해와 평화를 위한 하나님의 선교를 이루는 도구이다.

2. 그리스도인의 특징

특징은 대단히 중요하다. 우리는 자신이 개인이나 공동체로서 누구인가에 따라 하나님의 선교의 도구가 될 수도 있고, 하나님의 성품을 증거하는 사람이 될 수도 있다. 그렇지 않으면 우리는 하나님의 이름을 망령되이 하고 하나님의 선교를 방해하는 걸림돌에 불과할 것이다. 마르바 던Marva Dawn은 다음과 같이 말했다.

"우리가 개인뿐 아니라 연합된 그리스도인으로서 생명과 신실함으로 세상을 향해 효과적으로 접근하는 것은 우리 안에 형성된 특징에 달려 있다."[38]

그것은 우리가 어떻게 살고, 우선순위가 무엇이며, 어떻게 사업을 하고, 어떤 기술을 개발하는가 하는 문제이다. 그것은 또한 우리가 어떻게 반응하며 어떻게 갈등을 해결하나의 문제이기도 하다. 왜냐하면 우리는 그리스도인으로서의 특징에 근거하여 하나님을 증거하고 있기 때문이다. 이것은 사람들로 하여금 하나님을 어떻게 생각할지를 결정하게 한다. 벧전 2:12

이것은 실제로 개인에게도 해당된다. 우리는 삶 속에서 이런 질문을 할 것이다.

"재영은 진실을 이야기 했어요. 난 그를 믿을 수 있답니다. 그는 논쟁에서 항상 이기려 하지 않아요, 오히려 잘 듣고 어떤 것이 더 의로운 일인가를 생각한답니다. 나는 그 이유가 궁금합니다."

이러한 질문은 교회의 일상생활에도 해당된다.

"평화누림교회는 우리 학교에 도움을 주고 있답니다. 그 교회는 규모에 비해 상상할 수 없이 많은 중재자를 배출했답니다. 그들은 스스로 내세우지 않고 강요하지도 않으면서 진실을 말하는 방법을 사용한답니다."

그들은 이렇게 대답했다.

"글쎄요! 사실 우리 교회도 과거에는 많은 갈등이 있었답니다. 그렇지만 하나님께서 우리에게 많은 것을 가르쳐 주셨고, 우리는 그저 감사할 따름입니다. 저는 아직도 흥분됩니다! 당신은 어떻게 생각하십니까? 관심이 생기나요?"

선교학자 로버트 워렌Robert Warren은 다음과 같이 말했다.

"우리는 각자 교회에서 진실한 생활을 함으로써 우리의 문화 속에서 그리스도의 복음을 이야기할 수 있는 아주 좋은 새로운 기회를 맞이하고 있다.…교회는 그리스도께서 확립한 새로운 인간성을 선도하는 프로젝트가 되어야 한다.…세상은 갈등을 잘 다루는 모델을 정말로 찾고 있다. 교회에서의 갈등은 실제 생활과는 좀 떨어진 듯하기도 하지만, 그것은 우리 삶의 실체이다. 사람들이 그러한 교회 공동체로 다가올 때, 그들은 본능적으로 일과 갈등의 관계가 어떤지를 알게 될 것이다."[39]

3. 말, 생각, 행동을 통한 증거

평화교회가 증거하는 것에는 제한이 없다. 우리는 지역적으로 학교와 일터에서 실력행사를 하기보다는 잘 경청하고 화해하는 것을 강조할 수 있다. 사람들이 우리에게 왜 그렇게 갈등해결에 대한 이상한 생각을 갖고 있는지 물을 때 우리는 예수님에 대해 말할 수 있다. 국가적으로, 정책 논쟁을 벌이고 국회에 서한을 보낼 때에, 우리는 주의 깊고 냉철한 판단으로 서한을 써 보내며 폭력으로는 사람들이 원하는 결과를 가져올 수 없고 그것은 항상 자기 합

리화를 꾀할 뿐이라는 것을 일깨울 수 있다. 우리는 새로운 사고를 불러 일으킬 수 있다. 복음이 선포되고 성령께서 살아 역사하시는 평화교회에서는 새로운 것들을 생각하는 것이 가능하다. 교인들은 학교 모임에 자발적으로 참여하여 갈등해결을 가르칠 수 있다. 그들은 또 성적 학대자들을 상대로 회복적 사법정의의 원리를 적용시킬 수도 있다. 시위 행위도 평화교회가 증거 하는 일부분이 된다. 그리스도인들은 비기독교인들과 함께 일하는 경우에도 2002 희년Jubilee 2002을 증거하기 위해 서로 팔짱을 끼고 인간 사슬을 만들거나 무기 시장으로 가는 길에 앉아서 시위할 수 있다.

평화교회가 대외 관계를 위해 필요한 또 다른 한 가지를 알아보자.

4. 거룩한 매력

오늘날 수많은 교회들이 그리스도의 복음을 전하기 위해 교인들을 구비시키는 전도를 많이 강조한다. 이를 위해 탈현대를 사는 세계인들의 궁금증을 연구하고 그리스도인이 되고자 하는 사람들에게 기독교의 진리를 전하는 데 유익한 훈련 프로그램들이 있다. 5년 전에 초대교회3세기까지의 전도에 대한 연구를 하고 있었다. 그런데 다음과 같은 사실을 발견하고 당황하지 않을 수 없었다. 초대교회는 급속도로 성장했지만, 초대교회 문헌에는 전도 훈련 프로그램이나 전도에 대한 실제적인 권고도 없었다는 것이다. 왜 그랬을까? 고민 끝에 다음과 같은 결론을 내렸다. 내가 발견한 초대교회 신자들이 밝힌 문헌들에 의하면, 당시의 교회는 적어도 그리스도인들의 매력적인 삶 때문에 콘스탄틴Constantine 황제가 회심하기 전에도 계속해서 성장을 했다는 것이다. 당시 그리스도인들의 매력적인 삶은 사람들의 필요와 궁금증을 채워주기에 충분했다. 그들은 사람들에게 새로운 삶을 살라고 설득하지도 않았다. 그들의 생활 자체가 이미 사람들의 관심과 주의를 끌고 있었던 것이다.[40] 초대교회 그리스도인들은 하나님께서 예수를 통해 자신들과 함께 엄청난 화해의 사역을 시작하셨다는 것을 믿었다. 그래서 사람들은 폭력을 배척했고, 칼을 쳐서 보습으로 만들었으며, 전쟁에 대한 연구를 중지했다. 그것은 그 전까지 경험했던 것과는 다른 새로운 삶의 방식이었다. 이것이 신약성경의 진실이다! '교회는 이방세상을 비추는 빛이요'눅 2:32 교회 자체가 복음이었다. 그것은 말씀, 창조적 구별, 예수님의 빛나는 삶을 닮음, 온전한 소망에 의한 것 뿐 아니라, 교회 자체가 지닌 거룩한 매력 때문이었다. 이것은 오늘날에도 가능하다. 교회는 보수적인 대영제국의 마지막 요새처럼 요지부동하는 자세가 아닌 자신의 문제와 갈등을 예수님의 방식으로 새롭게 다루려고 하는 사고의 중심이 되어야 한다. 평화의 복음이 그리스도인의 문화를 만들었기 때문에 교회의 성장은 가능하다. 그것은 또한 예수 그리스도의 길이 풍성하며, 모든 것을 위한 새로운 가능성으로 이끈다는 것을 발견했기 때문에도 가능하다. 우리는 이런 소문을 기대한다.

> "당신도 잘 아는 그 가정 교회 있죠? 저 사람들에게도 많은 갈등이 있었는데 지금은 잘 해결하는 법을 배웠다고 합니다. 모두가 평화를 만드는 일에 대해 이야기하고 있어요. 이젠 아마도 저 사람들이 우리의 갈등해결을 위해 좋은 자료를 줄 수 있을 것 같습니다."

이렇게 평화교회가 증거한다는 소식이 조금씩 들려오기 시작한다. 그 증거는 항상 숨겨졌었고 부분적이었다. 역사적 변화는 연관되지 않은, 그러나 더 큰 그림에 잘 들어맞는 일련의 작은 사건들과 관련 있다. 우리 교회가 배우고, 취하는 행동, 우리가 개인적으로 증거하고, 새로이 주도하는 것들은 서로 잘 맞고 새로운 것들을 가능하게 한다. 우리는 항상 죄성을 지니고 있는 불완전한 존재이다. 그러나 우리는 예수 그리스도의 은혜를 바라본다. 우리는 우리가 경험한 새로운 가능성을 지니고 있다. 예수 그리스도는 평화의 사역자이시고, 우리의 선생님이시다. 그리고 우리 교회는 또한 역사적으로 하나님의 측량할 수 없는 자비로 말미암아 구원의 능력을 얻은 표시이다. 평화교회는 '아직 끝나지 않은 화해의 투쟁이다.'[41] 그 길을 주님께서 동행하고 있다. 하나님이 우리를 변화시키시고 우리가 어떻게 평화교회가 될 수 있는지를 배울 때, 우리는 감사한 마음으로 자신 있게 선언한다.

"하나님은 평화의 하나님이시고 그분은 좋으신 하나님이시다!"

미주

1 Justin, *Dialogue with Trypho* 110.2-3.

2 Irenaeus, Adv. Haer. 4.34.4; Tertullian, Adv. Marc 3.21; Origen, Contra Celsum 5.33; Cyprian, Ad Quir. 3. 18

3 Eusebius, *Ecclesiastical History* 2.25.6.

4 Miroslav Volf, *Exclusion and Embrace: A Theological Exploration of Identity, Otherness, and Reconciliation* (Nashville: Abingdon Press, 1996), 129. 『배제와 포용』, (IVP, 2021.)

5 Walter Wink, *Engaging the Powers: Discernment and Resistance in a World of Domination* (Minneapolis: Fortress Press, 1992), 13ff, 『사탄의 체제와 예수의 비폭력』(한국기독교연구소)

6 Gerhard Lohfink, " 'Schwerter zu Pflugscharen': De Rezeption von Jes 2, 1-5 par Mi 4, 1-5 in der Alten Kirche und im Neuen Testament", *Theologische Quartalschrift* 166 (1986): 184-209.
게르하르트 로핑크, 「칼을 쳐서 보습으로: 고대 교회와 신약 성경에서 이사야 2:1-5와 미가 4:1-5의 수용」, 『계간 신학』166호(1986), pp. 184-209.

7 Augustine, *Enarr.* in ps. 45.10. See also *Enarr.* in ps. 48. 17.

8 Menno Simons, The New Birth(1537), in J C Wenger and L Verduin(eds.): *Complete Works* (Scottdale, PA: Herald Press, 1956), 94.

9 [역주] 과거 서양에서는 기독교가 세계문화의 주류를 이루었기에 세상을 지배하는 양상을 보였지만 지금은 그렇지 않다는 것을 말함.

10 Gerhard Lohfink, *Jesus and Community: The Social Dimension of Christian Faith* (London: SPCK, 1985), 122. G. 로핑크. 『예수는 어떤 공동체를 원했나?』(분도출판사, 1985)

11 The Independent, 6 September 1995에서 인용

12 마태복음 18:15-20절에 관한 설명은 다음 자료에서 많이 도움을 받았다. Stanley Haweras "Peacemaking The Virture of the Church," *Christian Existence Today: Essays on Church, World and Living Between* (Durham, NC: The Labyrinth Press, 1988), 89-97; John H. Yoder, "Practising the Rule of Christ," in Nancey Murphy, Brad J, Kallenberg, and Mark Thiessen Nation (eds.), *Virtues and Practices in the Christian Tradition: Christian Ethics after MacIntyre* (Harrisburg, PA: Trinity Press International, 1997), 132-160.

13 Rodney Clapp, *A Peculiar People: The Church as Culture in a Post-Christian Society* (Downers Grove, Illinois: InterVarsity Press, 1996), 96-98.

14 Stanley Hauerwas, *The Peaceable Kingdom: A Primer in Christian Ethics* (London: SCM Press, 1984), 100. 친구 한 명이 사람들을 깜짝 놀라게 하는 표어를 제안했다. "세상의 그리스도인들이여 우리 서로 죽이지 말자 …"

15 Walter Wink, *Engaging the Powers: Discernment and Resistance in a World of Domination* (Minneapolis:Fortress, 1992), p. 13; Walter Brueggemann, *Theology of the Old Testament: Testimony, Dispute, Advocacy* (Minneapolis: Fortress, 1997), p. 718.

16 Wink, *Engaging the Powers*, 304.

17 탈 냉전 시대에 핵무기가 해체되고 금지가 가능해지는 '시간의 선물(*The Gift of Time*)'에 대해서는 아래 책을 보라 Jonathan Schell, *The Gift of Time: The Case for Abolishing Nuclear Weapons Now* (London: Granta Books, 1998)

18 [역주] 교회안에서 음악/찬양곡 선정 때문에 분열이 생기며 급기야는 서로 갈라지는 경우가 있는데 서양에서는 이를 '음악전쟁(music wars)'이라고 까지 표현한다.

19 Miroslav Volf, "The Clumsy Embrace," *Christianity Today*, 26 October 1998, 69.

20 Eleanor Kreider, " Let the Faithful Greet Each Other: The Kiss of Peace" *Conrad Grebel Review* 5 (1987), 29-49.

21 Clapp, *Peculiar People*, 110-111.

22 Steve Finamore, "Worship, Social Action and the Kingdom of Heaven" *Theology Themes* 4.2 (1997), 8-12.

23 스튜어트 머레이(Stuart Murray) *Anabaptism Today* 6월호, 1996년 12-13.

24 [역주] 갈등해결을 위해서는 내가 상대방의 입장에도 서고, 나의 의견도 상대가 이해할 수 있도록 상대방의 위치에서 설명하는 것이 필요하다. 이중 비전은 결국 나와 상대의 관점보다도 더 큰 하나님의 관점을 찾고자 노력하는 것을 말한다.

25 Volf, Exclusion and Embrace, 213, 256.『배제와 포용』, (IVP, 2021.)

26 [역주] 회복적 정의(사법) (Restorative Justice)에서는 범죄(crime)를 국가의 법(law)을 어기는 행위로만 보는 것이 아니고, 인간관계(relationship)을 해치는 행위로도 규정한다. 이것은 대립적 상호공방을 유발하는 재판과 정보다는 피해자와 가해자가 직접 형사사건 해결의 주체가 되도록 하는 사법제도 전반에 걸친 패러다임의 새로운 전환을 일컫는 말이다. 참조: 『우리시대의 회복적 정의』(하워드 제어, 대장간 역간)

27 John Bender, "Reconciliation Begins in Canada," *Mennonite Central*

Committee Peace Section Newsletter, 16 (Jan-Feb 1986), 1-3.

28 Walter Wink, When the Powers Fall: Reconciliation in the Healing of Nations (Minneapolis: Fortress Press, 1998), 62-63

29 Wink, *Engaging the Powers*, 175ff.

30 Ernst Bammel, "Romans 13." In E. Bammel and C.F.D Moule(eds.): Jesus and the Politics of His Day (Cambridge University Press, 1984), 365.

31 John Howard Yoder, *The Politics of Jesus: Vicit Agnus Noster* (revised edition) (Grand Rapids: Eerdmans, 1994), ch 10. 『예수의 정치학』(IVP, 2007)

32 John Howard Yoder, *What Would You Do? A Serious Answer to a Standard Question* (Scottdale, PA: Herald Press, 1983) 『당신이라면』(대장간, 2011.)

33 Vaughan Bowie, *Coping with Violence: A Guide for the Human Services* (Sydney: Karibuni Press, 1989)

34 Lois Barrett (ed.), A *Mennonite Statement and Study on Violence: Study Guide* (Newton, KS: Faith and Life Press, 1998)

35 John Howard Yoder, *When War is Unjust: Being Honest in Just-War Thinking* (Minneapolis: Augsburg, 1984)

36 Bread of Life Prayer Bulletin, 17. Information about Bread of Life, and about Christians such as Danilo, is available from jjtosic@eunet.yu

37 David Cortright, "Ban the Bomb II: A new movement emerges to abolish nuclear weapons", *Sojourners*, January-February 1999, 25-26.

38 Marva Dawn, *Reaching Out without Dumbing Down: A Theology of Worship for the Turn-of-the-Century Culture* (Grand Rapids: Eerdmans, 1995), 4. 『예배 소중한 하늘 보석』(WPA, 2017)

39 Robert Warren, *Being Human, Being Church* (London: Marshall Pickering, 1995), 154

40 알렌 크라이더, 『초기 기독교의 예배와 복음전도/선교의 변질』 (대장간, 2020)

41 Volf, Exclusion and Embrace, 109. 『배제와 포용』, (IVP, 2021.)